오늘부터 바로 행복해지는
행복 리셋

오늘부터 바로 행복해지는

행복 리셋

강은미 지음

전나무숲

"당신은 지금 행복하신가요?"

강의에 앞서 청중들에게 자주 묻는 질문이다. 이는 인생의 중요한 화두이지만 피하고 싶고 대답하기 어려운 질문일 수 있다. 사람들은 쑥스러워서 대답하지 않기도 하지만 대다수는 스스로 행복하지 않다고 여기거나, 진정한 행복이 무엇인지 모르겠다는 사람이 일반적이다.

행복하지 않다고 생각한다면 무엇 때문일까?

우리는 인생에서 부부나 자식 문제, 경제나 직장 문제, 정신이나 육체 건강 문제, 인간관계 문제, 노후 문제 등 크고 작은 문제들을 끊임없이 만나며 고민과 갈등 속에서 살아간다. 그 여정에서 우리는 늘 현재에 집중하지 못하고 과거에 대한 후회와 미련, 다른 사람과의 비교와 경쟁, 막연한 미래에 대한 불안과 걱정이 앞선다.

내가 그동안 만났던 다양한 직업의 많은 사람 중 스스로 행복하지 않다고 생각하는 사람들에게서 느낀 점은 3가지다.

- 자신의 삶에 대해 불만족과 결핍을 느끼는 빈도가 높다.
- 인간관계에 대한 여러 고충으로 불안과 두려움을 자주 느낀다.
- 변화하고 싶어 하지만 익숙한 삶의 패턴(습관)을 계속하고 있다.

결국 우리는 행복해지기 위해 이 3가지를 변화시켜야 하며, 스스로 변화의 중심에 주체자로 우뚝 서야 한다. 행복은 지극히 주관적이라서 어떻게 하면 자신이 행복할 수 있는지, 진정 자신이 어떤 사람이며 어떻게 살고 싶은지, 무엇을 위해 사는지… '자신이 추구하는 삶의 가치와 목표'를 파악해야 한다. 그러기 위해서 우리는 자신의 과거와 현재의 모습, 꿈꾸는 미래라는 주제를 놓고 깊이 있게 성찰하며 자문자답(自問自答)하는 시간이 필요하다.

그리고 그 결과를 토대로 자신의 행복 저울추를 다시 제로(零)에 맞추고 자신이 원하는 방향으로 새롭게 행복을 추구해야 한다. 우리가 진정으로 행복해지기 위해서는 이러한 '행복 리셋'이 반드시 필요하다.

이 책의 1부에서는 행복 리셋의 전제조건, 자기 자신을 직시하도록 하기 위한 질문들을 제시한다. 지난날의 자신을 돌아보고 있는 그대로 지금의 모습을 인정하며 미래의 방향을 하나하나 물음에 답을 채워가도록 했다. 이를 통해 자신이 원하는 삶의 가치와 행복의 기준을 세우고, 행복해지려면 지금의 자신의 습관(삶의 패턴)에서 무엇을 바꿔야 하는지 파악해야 한다. 그래야만 진정으로 '나를 행복하게 하는 여행'을 시작할 수 있다.

그다음으로 기존 삶의 패턴, 행복을 가로막았던 습관을 실제로 하나하나 바꿔야 한다. 하지만 우리는 작은 습관 하나 바꾸기도 쉽지 않다. 작심삼일! 매번 좌절하고 마는 악순환에서 벗어나기 위해서 뭔가 좀 더 특별한 방법이 필요하다. 한 연구에 따르면 최소 21일, 한 달간 꾸준히 하나의 행동을 지속하면 습관으로 굳어진다고 한다. 의식적이고 지속적인 행동의 반복만이 우리의 습관을 변화시킬 수 있다는 의미다.

그래서 나는 '174 행복습관 프로젝트'를 제시한다. 20여 년 동안 강의 현장에서 '변화'를 코칭했던 나는 습관을 바꾸는 핵심적인 방법을 '행동과 실천'에서 찾았고 이를 위한 프로젝트를 만들었다. 바로 하루에 단 하나의 행동을 바꾸고, 그것을 7일 동안 꾸준히 실천하고, 다시 4주간을 반복하는 '습관 형성 프로젝트'다. 이렇게 하면 실패라는 심리적 부담을 줄이고 하루하루 변화하는 과정에서 행복을 느끼며 행복 습관을 정착시킬 수 있다.

나아가 2부에서는 '174 행복습관 프로젝트'를 실행하는 데 필요한 원천적인 힘이자 근본적인 동력인 '행복습관 5가지의 힘(力)' 즉 '가치력' '관계력' '감사력' '건강력' '여가력'을 키우기 위한 방법들을 제시한다. 각각의 힘들이 제대로 갖춰지면 우리의 내면이 단단해지고, 사람들과 더 좋은 관계를 맺으며, 무엇보다 자신의 삶이 더욱 풍요롭고 행복해진다. 이를 통해 우리의 삶은 천천히, 그리고 꾸준히 달라질 것이다.

3부에서는 지속 가능한 행복습관 솔루션을 소개한다. 매일 조금씩 즐거운 마음으로 행복습관 정착 솔루션들을 실천하면 이미 당신은 행복하다고 느낄 것이다.

내가 바라는 것은 단 하나다. 당신이 오직 자신만의 방법으로 행복의 저울추를 리셋하고, '174 행복습관 프로젝트'를 실천해 나간다면 당신 곁에 곧 행복이 다가온다는 희망을 전하고 싶다. 아무리 더뎌 보여도 하루에 한 걸음씩 옳은 방향으로 나아가면 어느새 행복을 향한 여행 자체를 즐기게 될 것이다. 이 책이 당신의 행복 여행에 친절하고 믿음직한 친구가 되기를 기대한다.

흐르는 강물처럼

강오미

차 례

프롤로그 · 4

PART 1 행복 리셋과 174 행복습관 프로젝트

나만의 행복 기준 알아보기 · 16

- **자기 분석 1** _ 내 인생 바라보기 · 20
- **자기 분석 2** _ 인생곡선 그리기 · 22
- **자기 분석 3** _ 인생에서 후회되는 일 적기 · 24
- **자기 분석 4** _ 한 달 주요 활동 기록하기 · 26
- **자기 분석 5** _ 웰빙 수준 알아보기 · 28
- **자기 분석 6** _ 그래서 나는 누구인가 · 30

셀프 토크로 나만의 행복 찾기 · 32

- **셀프 토크 1** _ 정신 건강 알아보기 · 36
- **셀프 토크 2** _ 성격 파악하기 · 38
- **셀프 토크 3** _ 감정 바라보기 · 40

● **셀프 토크 4** _ 감정 이해하기 · **42**

● **셀프 토크 5** _ 회복탄력성 점검하기 · **44**

마음의 다이얼 돌리기 · **48**

● **긍정 다이얼 1** _ 인생의 북극성 찾기 · **52**

● **긍정 다이얼 2** _ 버킷리스트 만들기 · **54**

● **긍정 다이얼 3** _ 자기암시 필사하기 · **56**

행동으로 두뇌 전선 바꾸기 · **60**

행복습관 형성을 위한 174 프로젝트 · **66**

PART 2 # 행복습관의 5가지 힘

1장 _ 자신이 원하는 삶의 가치 찾기, 가치력

행복으로 가는 나만의 길 찾기 · 77

가치력을 변화시키는 실천 방법 · 81

행복의 문을 여는 황금열쇠 · 87

부와 행복의 상관관계 · 93

Action 1 _ 가치력을 높이는 행복습관 실천
'나만의 공간' 만들기 · 96
느리게 자연과 호흡하기 · 98
'나만의 틈새시간' 갖기 · 100
다른 사람의 '좋은 습관 사례' 정리하기 · 101

2장 _ 삶의 만족감과 성장을 위한 비밀, 관계력

관계 맺기의 아름다운 나이테 · 103

우리가 관계 속에서 행복을 느끼는 이유 · 106

인생 동반자 관계와 친밀함의 5단계 · 109

마음 성장으로 관계력 높이기 · 114

다른 사람을 사랑하는 법 · 119

Action 2 _ 관계력을 높이는 행복습관 실천
'가족 달력' 만들기와 '가족 사랑일기' 쓰기 · 122
'친구관계망' 그리기 · 124
다른 사람을 위한 '작은 소비'와 '친절하기' · 125

3장 _ '지금, 여기'에서 행복을 느끼게 하는 원리, 감사력

인생의 본질에 충실하기 위한 태도 · 127

행복을 주는 자신만의 필터 장착하기 · 131

첫 번째 도전, 감사일기 쓰기 · 135

관계를 개선하는 감사의 언어로 말하기 · 139

Action 3 _ 감사력을 높이는 행복습관 실천
긍정의 근력을 키워주는 '다행일기' 쓰기 · 143
'감사의 마음' 표현하기 · 144

4장 _ 돈보다 중요한 에너지와 활력의 원천, 건강력

행복을 뒷받침하는 건강력 · 147

건강과 행복, 일은 선순환의 관계 · 150

정신적으로 건강한 상태 유지하기 · 153

운동은 행복을 만드는 중요한 요소 · 156

Action 4 _ 건강력을 높이는 행복습관 실천

사소하지만 너무 중요한 '일상 속 운동' · 160
숙면하기 · 162
복식호흡하기 · 163
명상하기 · 164

5장 _ 갈등과 고민에서 해방되는 자유로움, 여가력

여유롭고 편안한 마음이 주는 자유감 · 167

일에서 해방되어 느끼는 자유로움 · 171

과도한 집착이 불러오는 여가증후군 · 174

삶을 더 아름답게 만드는 여가력 · 177

Action 5 _ 여가력을 높이는 행복습관 실천

'나만의 취미' 만들기 · 180
커뮤니티 참여하기 · 181
충분한 휴식하기 · 183

PART 3 지속 가능한 행복습관 솔루션

마음의 버팀목 찾기 · 186

● **행복습관 솔루션 1** _ 내 마음의 버팀목 쓰기 · 189

행동하는 사람들과 함께하기 · 190

● **행복습관 솔루션 2** _ 내 주위의 행동하는 사람 찾기 · 193

결심 선언하고 실천하기 · 194

● **행복습관 솔루션 3** _ 습관 변화 프로젝트 공개 선언 · 197

시 암송하기, 명언과 좋은 글 필사하기 · 198

● **행복습관 솔루션 4** _ 내 인생 다시 써보기 · 202

컬러링과 명상음악 틀어놓고 멍 때리기 · 204

● **행복습관 솔루션 5** _ 만다라 컬러링 · 208

참고자료 · 210

PART 1

행복 리셋과
174 행복습관 프로젝트

나만의 행복 기준
알아보기

- 현재, 지금 여기, 나에게 집중하자 -

"어떻게 사는 것이 잘사는 것일까?"
"어떻게 살아야 행복해질 수 있을까?"

우리는 자주 이런 질문을 하곤 한다. 하지만 답을 찾기는 쉽지 않다. 행복은 지극히 주관적인 것이며 특별한 기준이 없기 때문에 행복이 무엇인지 정의 내리기는 상당히 어렵다. 사실, 절대적인 1가지 정의란 있을 수 없다.

누군가에게는 어떤 일이 행복이겠지만, 또 누군가에게는 행복이 아닐 수도 있다. 행복해지기 위해서는 먼저 무엇이 자신을 행복하게 만드는지 알아야 한다. 어떤 사람은 부자가 되어야 행복하다고 생각하고, 또 어떤 사람은 재미있게 살아야 행복하다고 느낀다. 그래서 행복으로 가는 길은 하나만 있는 게 아니다.

그렇지만 전문가들이 입을 모아 말하는 변치 않는 사실 하나가 있다. 그것은 행복을 결정하는 궁극적인 주체가 '자기 자신'이라는 점이다. 심리학자들은 행복을 '전반적인 자신의 삶에서 느끼는 주관적 자기만족'이라고 정의한다. 한마디로 스스로 행복하다고 느끼면 그것이 바로 행복이며, 그 밖의 외적인 조건은 부수적이라는 의미다.

네덜란드 에라스무스 대학교의 루트 반 호벤(Route van Hoben) 명예교수는 이렇게 말했다.

"행복은 인생에 대한 주관적 수용을 의미하며, 쉽게 말하자면 자기 인생을 얼마나 좋아하느냐다."[1]

20년간 행복을 연구한 캘리포니아 대학교 심리학과 소냐 류보머스키(Sonja Lyubomirsky) 교수는 저서 《행복도 연습이 필요하다(The How of Happiness)》에서 이렇게 말했다.

"행복의 40퍼센트는 마음먹기에 달렸다."

행복감을 결정짓는 데에는 유전적 요인이 50퍼센트 영향을 미치고,

경제적 여건과 건강 등 외적인 조건은 10퍼센트밖에 영향을 미치지 못한다고 했다. 나머지 40퍼센트는 온전히 스스로의 힘으로 좌우할 수 있으니 자신의 노력으로 얼마든지 행복지수를 높일 수 있다는 말이다.[2]

결과적으로 행복은 자신의 내면에 달렸으며, 노력을 기울여야 하는 의도적 활동이 행복에 막강한 영향을 미친다. 나를 행복하게 하는 것은 '나'이고, 나를 불행하게 만드는 것도 '나'일 수밖에 없다.

행복해지려면 이 점을 먼저 염두에 두고 자신의 내면에 있는 행복의 기준을 찾기 위해 스스로 통찰하고 분석해야 한다. 바로 자신을 있는 그대로 알고 인정하는 자기인식(self-awareness)이 필수다.

이를 위해서는 '나는 누구인가?'라는 대질문과 함께 다음의 3가지 질문을 스스로에게 던져야 한다.

과거, 나는 이제까지 무엇을 했는가?
현재, 나는 지금 어떤 상태인가?
미래, 나는 앞으로 무엇을 하고 싶은가?

각각의 질문을 바탕으로 나를 깊이 분석하면 더 나은 내가 되기 위해 무엇을 해야 하는지, 무엇을 할 수 있을지 알 수 있다.

자기인식이 되어야 '자기 관리'와 '자기 경영'을 시작해 스스로 자기 인생의 '리더'가 된다. 그러면 이제껏 살아왔던 방식에 매몰되는 것이 아니라 변화를 꾀하고 상황을 바꾸며 삶을 긍정적으로 발전시킬 수 있다. 이것이 바로 행복 리셋의 전제조건이다. 그리고 행복해지려면 먼저 행복 저울추를 리셋하는 것이 반드시 필요하다.

이제 다음 20쪽부터 시작되는 '자기 분석'을 해보자. 다각도로 자신의 모습을 비춰보면 자신이 어떤 사람인지 잘 알게 된다.

이때 반드시 기억해야 할 3가지 키워드가 있다. 그것은 '현재', '지금 여기', '나에 대한 집중'이다.

과거를 반성하고 분석하는 건 좋지만 과거의 일을 후회하느라 현재를 놓쳐서는 안 된다. 다른 곳을 바라보기보다 현재 자신이 서 있는 곳에서 과거의 자신보다 나아지려 노력하는 지금의 자신을 칭찬해야 한다. 또 미래에 행복해지기 위해 현재를 희생시켜서는 안 된다. 마지막으로 다른 사람을 부러워할 시간에 자신에게 집중해야 한다. 과거에 얽매이고 다른 사람과 비교하는 상황에서는 그 누구도 행복해질 수 없다.

더불어 행복이라는 것은 최종 목적지가 아니라는 점도 인식해야 한다. 삶이라는 여행에서 자신만의 행복을 찾아가는 과정, 어쩌면 그것이 우리가 말하는 '행복의 본질'일 수 있다.

내 인생 바라보기

인생은 자연과 닮았다. 아침처럼 상승하는 구간이 있고, 정오처럼 최고점에 이르기도 하고, 저녁처럼 하강하는 때도 있다. 때로는 비가 오는 날도 있고 때로는 화창한 날도 있다. 희망과 절망이 교차하고, 기쁨과 슬픔이 공존한다. 하지만 자칫 이렇게 수시로 변하는 상황 속에서 자신의 삶을 있는 그대로 보기가 힘들 수 있다.

나쁜 것만 보면 한없이 부정적이 되고, 좋은 것만 보면 모든 것이 긍정적일 수 있다. 진짜 중요한 것은 '균형감각'이다. 균형감각이 잘 잡히지 않는다면 자신의 삶을 오해할 수 있다. 이러한 오해는 보다 행복한 미래에 걸림돌이 된다. 스스로를 객관적으로 바라볼 때 행복의 길을 걸어갈 수 있다.

자신의 삶을 제대로 보기 위해서는 우선 자신의 과거를 직시해야 한다. 자신이 과거에 살아왔던 총합이 바로 자신의 현재 모습이기 때문이다. 그러므로 '현재'를 알기 위해서는 반드시 '과거'를 다시 바라봐야 한다.

지금까지의 삶을 떠올려보고 행복했던 순간과 불행했던 순간을 각각 점수로 매겨보자. 가장 기억에 남았던 일을 적은 다음, 0점을 기준으로 제일 행복했던 때를 +100점, 힘들었던 때를 −100점으로 기록해본다(40대라면 30대까지만 적고 필요하다면 시기를 더 세분한다).

시기	점수	당시 가장 기억에 남는 일
10대		
20대		
30대		
40대		
50대		
60대		

인생곡선 그리기

인생은 파도처럼 상승과 하강이 연속적으로 교차한다. 이러한 교차의 곡선은 각자의 개성, 성향, 성격, 환경에 따라 다르기에 남의 모습을 부러워할 필요가 없고, 내 모습에 의문을 제기할 필요도 없다. 중요한 것은 자신의 '오늘의 행복감'과 '내일의 행복감'의 차이이기 때문에 무엇보다 주관적 느낌에 집중해야 한다.

다시 한 번 말하지만 이렇게 하기 위해서는 '무엇이 나를 행복하게 하는가?'라는 점부터 명확하게 알아야 한다. 그런데 우리는 특별한 노력을 기울이지 않는 한 언제 내가 행복했고, 무엇이 나를 행복하게 했는지를 잊고 산다.
사람은 '모든 것'을 기억하지 못하고 원하는 것만 '선택적으로 기억'하는 경향이 강하기 때문이다.

앞 21쪽의 '내 인생 바라보기'에 착실히 답했다면 이를 바탕으로 내 인생과 행복을 전체적으로 조망하기 위해 '인생곡선'을 그려보자. 내게 중요했던 인생의 사건과 행복의 정도를 표시하면 나만의 인생곡선이 그려지고 과거부터 지금까지의 흐름이 파악된다. 이렇게 자신의 인생을 한눈에 보면 보다 객관적으로, 다면적으로 스스로를 알 수 있다.

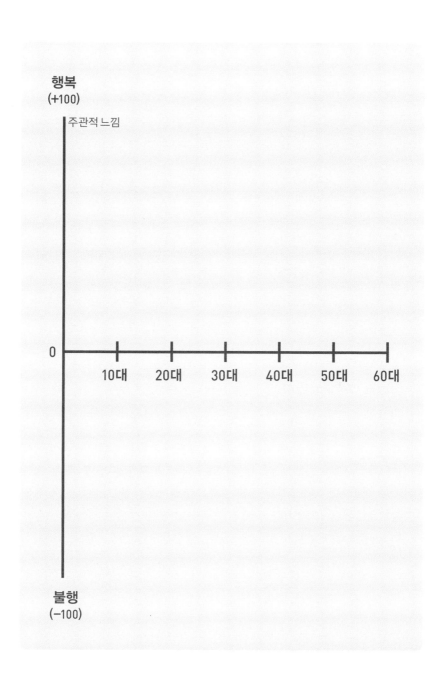

행복
(+100)

주관적 느낌

0

10대 20대 30대 40대 50대 60대

불행
(−100)

23

인생에서 후회되는 일 적기

"그때 그랬더라면… 그러지 않았더라면… 그랬어야 했는데…."

우리는 살면서 많은 후회를 한다. 이는 과거에 내린 결정이 잘못됐다고 느끼는 부정적인 감정이다. 이런 부정적인 감정들은 행복을 향해 나아가지 못하도록 자꾸 발목을 잡고 심지어 '자기 검열'을 하게 만든다.

"혹시 지금의 이 결정도 잘못하고 있는 것이 아닐까?"
"또 내가 잘못된 결정을 하면 어떻게 하지?"

이런 생각들은 행복으로 향하는 데 방해만 될 뿐이다. 행복해지려면 반드시 '후회'에 대한 태도와 신념을 정해놓아야 한다. 후회가 꼭 나쁜 것만은 아니고 어떻게 대하느냐에 따라 자신을 더 발전시키는 계기가 되기도 한다.

중요한 것은 후회를 통해 무엇을 배우는가다. 그저 후회만 하면서 자신을 책망할지, 그 후회를 통해 또다시 실수하지 않는 더 강한 나를 만들지는 스스로의 선택이다. 하루하루 상황에 맞춰 수동적으로 사는 게 아니라, 상황을 통제하고 관리하면서 행복을 위해 무엇인가를 실천하는 것도 후회를 포용하는 것에서부터 시작된다.

과거를 돌아보고 '가장 후회되는 일' 3가지를 적고, 거기에서 어떤 교훈을 얻었는지, 어떤 마음가짐을 가질지 적어보자.

가장 후회되는 일 1	
가장 후회되는 일 2	
가장 후회되는 일 3	

후회되는 일에서 얻은 교훈·마음가짐

한 달 주요 활동 기록하기

때로는 주관적인 분석뿐 아니라 객관적인 관찰도 중요하다. 자신이 하루하루 어떻게 시간을 보냈는지 알면 스스로에 대한 큰 힌트를 얻을 수 있다. 평소 어디에 자주 가는지, 누구를 자주 만나는지 알아보자. 인간은 시간과 공간에 한정된 존재이고, 관계 속에서 살아가기에 시간·공간·관계는 일상을 규정하는 중요한 축이다. 이를 통해 자신이 어떤 성향을 가졌는지 보다 자세하게 파악할 수 있다.

이제 자신의 주요 활동을 기록하고 '에너지를 채우는 활동'과 '에너지를 빼앗는 활동'으로 나눠보자. 전자는 삶을 긍정적으로 만들고 후자는 부정적인 영향을 끼친다.

에너지를 빼앗는 활동이 에너지를 채우는 활동보다 많다면 이 둘의 관계가 역전되도록 해야 한다. 에너지를 빼앗는 활동의 기간이 길어지면 우리는 끊임없이 불만과 갈증을 느낄 것이다. 긍정적인 활동을 더 많이 하도록 지혜를 발휘해야 한다.

시간 (시간 투자가 많은 활동)	
공간 (자주 가는 장소)	
관계 (자주 만나는 사람)	

주요 활동 기록

에너지를 채우는 활동(+)	에너지를 빼앗는 활동(−)

웰빙 수준 알아보기

웰빙은 육체적·정신적 건강의 조화를 의미한다. 안타깝게도 우리나라 국민의 웰빙 지수는 전 세계에서 최하위 수준이다. 이제까지 너무 앞만 보고 달려왔으며 '성과'만을 강조했기에 자신의 에너지가 얼마나 소진되었는지 관심을 갖지 않았기 때문이다.

결국 우리는 그사이에 우리를 행복하게 하는 '연료탱크'를 모두 소진해버렸다. 연료가 부족하면 앞으로 나아갈 수 없다.

'웰빙 이론'을 정립한 마틴 셀리그만(Martin Seligman)은 웰빙을 긍정적 정서, 몰입, 관계, 의미, 성취라는 5가지 요소로 설명한다. 이 5가지는 상호적인 관계로 서로 결합해 시너지 효과를 만들어낸다. 정서가 긍정적이면 다른 사람과의 관계가 좋아지고, 일에서 의미를 찾으면 일에 몰입해 좋은 결과를 성취할 수 있다.

5가지 웰빙 요소가 부족하면 균형 잡힌 행복을 얻기가 쉽지 않다. 다음 도표를 보며 각각의 항목이 어느 정도 차 있는지 수치를 적어 자신의 연료탱크를 체크해보자.

●● 웰빙 수준 체크하기

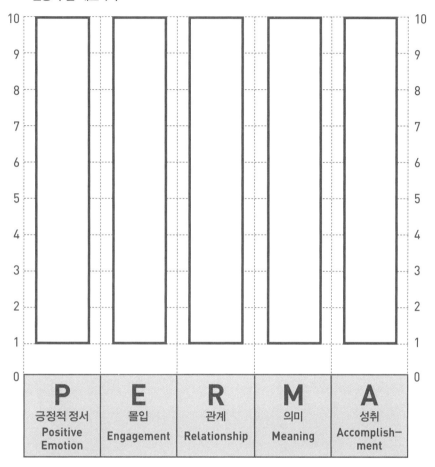

1. **긍정적 정서** – 살면서 만족, 희망, 친절, 감사와 같은 기분을 자주 느끼는가?
2. **몰입** – 자신이 잘하는 것을 알고, 시간 가는 줄 모르고 하는 활동이 있는가?
3. **관계** – 자신과 진정으로 연결된 것 같다고 느끼는 사람들이 있는가?
4. **의미** – 정신적인 '의미'를 두면서 하는 일이 있는가?
5. **성취** – 남을 이기거나 보상을 위해서가 아니라 그 자체로 좋아서 하는 일이 있는가?

출처: 신디, 《강연을 읽은 시간》, 지식너머

그래서 나는 누구인가

행복해지기 위해 나의 인생의 흐름을 살피고, 과거에 후회한 일을 되돌아보고, 주요 활동과 웰빙 수준까지 알아봤다면 이제 나를 정의할 시간이다. 그래야 나는 누구인가를 발견하고 변화해야 할 지점을 파악할 수 있다.

'나'에 대한 규정이 제대로 된 다음에야 비로소 우리는 행복 리셋을 구체화할 수 있다. '아는 것이 힘'이라고 했다. 자신을 잘 안다는 것은 곧 자신을 바꿀 수 있는 힘을 갖는 것과 마찬가지다.

자신에 대해 전반적으로 '표현'해보자. 차분히 자신을 정의하다 보면 솔직한 자신의 모습에 한 발짝 더 다가갈 수 있다.

31쪽의 도표에 나오는 5가지의 문장을 채워보자. 1번은 성격, 2번은 학습, 3번은 건강, 4번은 친구관계를 주제로 적고, 5번은 자유롭게 전체적으로 써본다.

　　예시 : 나는 새로운 것을 배우기 좋아하는 사람이다.
　　　　　 나는 혼자 떠나는 여행을 즐기는 사람이다.

아래 칸에는 나를 표현하는 색깔, 물건, 형용사를 적는다.

나는 이런 사람이다. 빈 여백을 채워보자

1. 성격 (나는 _____ 사람이다)

2. 학습 (나는 _____ 사람이다)

3. 건강 (나는 _____ 사람이다)

4. 친구 (나는 _____ 사람이다)

5. 전체 (나는 _____ 사람이다)

3가지 단어로 나를 표현해보자

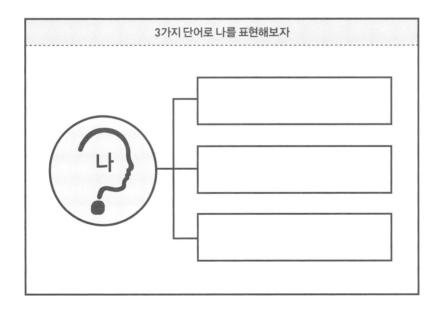

셀프 토크로
나만의 행복 찾기

- 끊임없는 자신과의 대화가 단단한 나를 만든다 -

지금까지 다양한 '자기 분석'으로 과거의 자신에 대해 알아보았다. 이제 현재의 자신을 분석해볼 시간이다. 현재 분석은 '셀프 토크'로 자신의 '마음 알아보기'가 주를 이룬다.

사람에게는 겉으로 보이는 모습과 함께 보이지 않는 마음이라는 것이 존재한다. 이 마음은 사물을 지각하는 방식을 결정하고, 이에 따라 자신만의 관점으로 사유하고 추론하며 판단을 내려 반응을 하게 된다. 즉 마음은 우리의 모든 생각과 행동을 통제하는 역할을 한다. 당연히 마음을 잘 다루지 못하면 다양한 부작용이 생긴다.

이성적으로 '나는 이런 사람이어야 해', '나는 이렇게 살아야 해'라고 아무리 당위성을 부여해도 마음이라는 틀을 통해 나타나는 자신의 삶에 만족하지 못하면 우울감이 엄습하고, 내가 다른 사람보다 못하다는 느낌이 들어 자존감에 상처를 입는다.

그런데 마음은 한마디로 정의 내리거나 파악하는 게 힘들다. 마음이 시키는 일을 하라는 말을 많이 듣는데 사실 자신의 마음이 무슨 말을 하고 있는지 잘 모르는 경우가 많다. 그래서 우리는 다양한 방법으로 마음을 알아보아야 한다.

대표적인 방법이 정신 건강, 성격, 감정, 회복탄력성 등을 파악하는 것이다. 하지만 이 역시 단정적으로 정의 내리기는 쉽지 않다. 그렇기 때문에 끊임없는 자신과의 대화가 필요하다. 계속 질문을 던지고 진실하게 답할 때 자신의 마음의 실체를 끌어낼 수 있다. 자신과의 대화가 힘들다고 회피한다면 기존과 똑같은 비교, 경쟁, 질투의 길을 갈 수밖에 없다.

예를 들어 굳은 맹세를 하고 다이어트에 돌입했지만 대다수는 며칠하다가 힘들다고 포기 선언을 하고 또다시 밤에 야식을 먹는다. 다음날 후회로 몸부림치지만 실패한 다이어트에 자포자기하고 기존에 살던 대로 살아간다.

살을 빼려면 우선 자신을 설득해내야 한다. 그러려면 자신과 끊임없이 대화해 내가 과거에 무엇을 얼마나 먹었는지를 분석하고 지금 내 상태를 파악하며 살 찌는 음식을 어떻게 하면 멀리할 수 있는지 방법을 강구해야 한다. 자신의 체질, 마음, 기분, 습관을 모르고 남들이 하는 다이어트 공식을 그대로 적용하면 당연히 쉽게 포기하게 된다.

행복에 대한 보통 사람들의 접근법도 이와 다르지 않다. 남이 원하는 행복의 기준을 그대로 나에게 적용하니 며칠 실천하지 못하고 다시 살던 대로 살아간다. 자신에게 맞는 진짜 나를 행복하게 하는 것, 내 마음이 시키는 것을 알아내야 고통의 시간으로 돌아가지 않는다.

결국 자신과의 대화가 중요하다. 자신의 정신 건강, 성격, 자존감, 감정 상태, 강점과 약점을 알고 있다면 무리하지 않고 스스로에게 맞는 행복 실행 계획을 세우고 실천할 수 있다.

무엇보다 이번 생(生)에서 나는 나와 가장 친하게 지내야 한다. 그래야 행복한 삶을 살 수 있다. 그러려면 나를 잘 알고 단점까지 포용해서 나를 사랑해야 한다. 나를 사랑하는 것이 행복으로 가는 첫 번째 단계이기 때문이다. 나에 대해 알아가려면 학교에서 공부하듯, 직장에서 일하듯, 나를 진지하게 들여다보아야 한다.

때로 이 작업이 그리 쉽지 않을 수 있다. 자신을 들여다볼수록 나약한 모습이 드러나 우울해질 수도 있다. 하지만 우리는 완벽하지 않기 때문에 사람으로서 존재 의의를 가지고 완성을 향해 살아나가는 것이다.

앞에서도 말했지만 행복은 자신을 이해해가는 과정에서 생긴다. 과장하지 않고 폄하하지도 않으면서 자신을 진정으로 바라볼 수 있을 때, 우리는 스스로를 관리하는 능력을 체득한다. 때로는 반성하고 때로는 칭찬하면서 우리는 전반적인 성숙의 길을 걸어간다. 이를 통해 행복 리셋이 가능해진다.

《손자병법(孫子兵法)》의 저자 손자(孫子)도 '나를 알고 적을 알면 백전백승(知彼知己 百戰百勝)'이라고 했다. 자기 자신도 모르면서 어떻게 이 험난한 세상에서 행복이라는 승리를 거머쥘 수 있겠는가?

이제 다음 36쪽부터 시작되는 '셀프 토크'를 채워보자.

정신 건강 알아보기

우리는 매일 운동을 하면서 육체 건강을 챙긴다. 하지만 아무리 육체 건강이 좋더라도, 정신 건강이 좋지 않으면 삶이 피폐해진다. 매 순간 마음이 불안해 흔들리고 불편해진다. 때로는 우울증을 겪거나 무력감에 휩싸일 수 있다. 맛있는 것을 먹어도 맛있지 않고, 세상이 온통 회색빛처럼 느껴지기도 한다.

매일 육체 건강을 향상시키기 위해 노력하듯, 정신 건강도 함께 높이려고 애써야 한다. 정신이 건강하다는 건 한마디로 '불만이 적고 행복감을 느끼는 상태'를 말한다. 정신이 건강한 사람은 늘 새로운 것에 도전하는 열정이 있고, 마음의 상처도 쉽게 털어낸다.

자신의 정신 건강을 진단해보자. 의사도 환자를 진찰한 후에야 치료법을 알 수 있듯이, 우리의 정신 건강도 일단 분석해야만 해결방법을 알 수 있다. 37쪽의 도표를 보고 차분히 점수를 매기다 보면 몰랐던 자신의 정신 건강 상태를 알 수 있다. 숫자 위의 내용에 가까울수록 높은 점수를 주고 마지막으로 숫자들을 선으로 연결해 균형감을 파악해본다.

8가지 질문에 나의 현재 정신 건강 상태가 어느 정도인지를 인지하는 게 중요하다. 인지한다는 것은 인정한다는 의미이고 이는 변화할 수 있는 행동으로 이어진다.

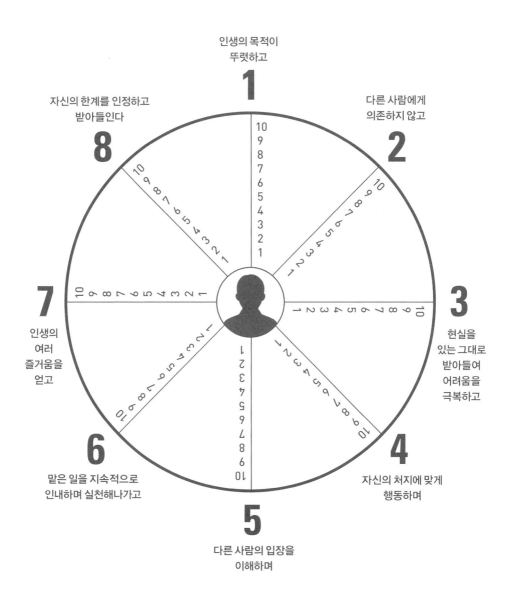

인생의 목적이
뚜렷하고

1

자신의 한계를 인정하고
받아들인다

8

다른 사람에게
의존하지 않고

2

7

인생의
여러
즐거움을
얻고

현실을
있는 그대로
받아들여
어려움을
극복하고

3

6

맡은 일을 지속적으로
인내하며 실천해나가고

자신의 처지에 맞게
행동하며

4

5

다른 사람의 입장을
이해하며

출처: 전현수, 《생각 사용 설명서》, 불광출판사

성격 파악하기

성격이란 '한 개인이 지닌 고유의 성질이나 품성'을 의미한다. 이는 어렸을 때부터 서서히 형성되지만 결과적으로 매우 견고하게 고착된다. 성격은 쉽게 바꿀 수 없기에 자신의 성격 때문에 고통을 받는 사람이 적지 않다.

소심한 성격, 사소한 일에도 공격적인 성격, 다른 사람의 시선에 얽매이는 성격, 다른 사람에게 지나치게 간섭하는 성격… 이런 성격들은 원만한 사회생활을 힘들게 하고 다른 사람과의 교류를 막는 장애물로 작용한다. 결국 행복의 길을 걷는 데 방해가 될 수 있다.

문제는 실제 자신의 성격을 잘 모르는 경우가 많다는 것이다. 내 성격의 장단점에 관한 질문에 답하기 쉬워 보이지만 쓰다보면 생각보다 어렵다. 보다 객관적인 입장에서 자신의 성격을 바라보고 하나하나 풀어내보자. '장점'과 '단점'을 채워나가다 보면 어느덧 자신의 성격이 한 꺼풀씩 드러난다.

이를 통해 자신을 더 이해하고 다른 사람과의 다름도 인정할 수 있다.

내 성격의 장점

내 성격의 단점

감정 바라보기

감정은 '기분'과 '정서'로 나뉜다. 기분은 대상이나 환경에 따라 저절로 생기며 한동안 지속되는 유쾌함이나 불쾌감 따위의 감정이다. 정서는 발현 원인이 뚜렷하며 만족, 기쁨, 불만, 혐오 등으로 다양하게 표현되고 지속 시간이 짧다. 그래서 기분은 한동안 자신을 지배하고, 정서는 그때그때 빠르게 변화하면서 자신을 좌우하게 된다.

기본적으로 이 2가지를 분리해서 이해해야 자신의 감정을 제대로 이해할 수 있다. 무엇이 자신을 장시간 지배하는지, 또 무엇이 자신을 순간순간 좌우하는지 알면 보다 면밀히 자신의 감정을 바라볼 수 있다.

무엇보다 감정을 제대로 이해하려면 특정 대상에 대해 저절로 튀어나오는 '자동적 사고'에 주목해야 한다. 특정 자극이 주어지면 자동적으로 느껴지는 인식이 왜곡되어 있으면 감정적으로 상당히 불안해질 수밖에 없다. 자동적 사고는 자신의 과거 경험과 어린 시절의 원체험에서 나온다. 또한 가정환경에 의해 좌우되기도 한다.

41쪽의 감정 단어들을 보고 자신의 최근 감정 상태를 긍정과 부정으로 나눠 아래에 적어보자. 또 불쾌한 감정이 어떤 자동적 사고에 의해 일어나는 것은 아닌지 따져보고 이를 긍정적으로 바꿀 방법도 생각해본다.

유쾌한 기분		
감동적인	짜릿한	설레는
감사하는	사랑하는	흐뭇한
자랑스러운	고마운	충만한
가슴 벅찬	기대되는	기쁜
기운 나는	홀가분한	편안한
즐거운	재미있는	상쾌한
흥미로운	반가운	활기찬
뿌듯한	열정적인	만족스러운
설레는	행복한	신나는
들뜬	당당한	평온한
평화로운	친근한	안심되는

불쾌한 기분		
걱정되는	안타까운	당황스러운
의기소침한	겁나는	불안한
난처한	창피한	슬픈
외로운	허무한	혼란스러운
무기력한	피곤한	지친
놀란	초조한	우울한
서운한	실망스러운	괴로운
지루한	서글픈	부끄러운
쓸쓸한	울적한	막막한
절망스러운	무능한	허탈한
약이 오르는	비참한	억울한

최근 내 감정을 표현하는 단어들을 찾아 기록하기
긍정의 단어 :
부정의 단어 :

출처: 예일대학교 브래킷(Brackett) 박사

감정 이해하기

감정은 많은 정신 관련 활동 중에서 가장 빠르고 직접적이며 격렬한 반응을 일으킨다. 특정한 감정이 생기면 단 몇 초 만에 몸이 반응해 숨이 가쁘기도 하고 순식간에 우울해지거나 분노가 폭발하기도 한다. 온 마음이 감정에 지배당하면 감정의 노예가 되어 이성을 놓치고 휘둘리거나 때로는 폭군 같은 감정에 힘들어진다.

이렇듯 자신의 감정을 이해하지 못하면 일상을 통제하지 못한다. 생각과 몸이 제어되지 않아 절제할 수가 없기 때문이다. 감정의 쓰나미에 휘말렸다 헤어나면 '내가 싫다'는 느낌까지 생긴다. 이런 상황에서는 일상이 엉망이 되고 다른 사람과의 관계도 원활하지 못하게 된다.

감정을 나타내는 다음의 단어들에 주목하면서 현재 자신의 감정 상태가 어느 쪽에 더 가까운지 알아보자. 감정을 점검할 때는 몸의 상태도 함께 알아보는 것이 좋다. 현재 자신의 감정이 어떤지, 몸의 에너지는 각성 혹은 이완되었는지 살펴보자.

●● 러셀(Russel)의 정서모형

몸의 상태

<table>
<tr><td>

3

화난, 억울한, 답답한, 불안한,
초조한, 놀란, 당황스러운

</td><td>

1

상쾌한, 즐거운, 기쁜, 생기 있는,
기운 나는, 만족스러운, 행복한

</td></tr>
<tr><td>

4

우울한, 무기력한, 슬픈, 피곤한,
귀찮은, 침울한, 외로운

</td><td>

2

편안한, 안정된, 고요한, 안심된,
평화로운, 여유 있는

</td></tr>
</table>

마음의 상태

1사분면 – 마음은 긍정적, 몸은 활력이 있는 상태
2사분면 – 마음은 긍정적, 몸은 이완된 상태
3사분면 – 마음은 부정적, 몸은 각성된 상태
4사분면 – 마음은 부정적, 몸은 힘이 빠져 있는 상태

현재 내 감정 상태의 위치는?

출처: ≪건강다이제스트≫

회복탄력성 점검하기

매 순간마다 행복한 사람은 없다. 돈이 많든 적든, 배운 것이 많든 적든 누구나 외롭고 좌절이나 절망을 느끼는 순간이 있다. 하지만 진정으로 행복한 사람은 수많은 역경의 순간에도 굴하지 않고 제자리로 다시 회복하는 힘, 즉 '회복탄력성'을 가지고 있다. 회복탄력성은 공을 벽에 던졌을 때 순간적으로 탁, 튀어서 되돌아오는 힘과 같다.

역경을 딛고 이겨내는 긍정적인 힘, 회복탄력성을 발휘하면 원래 자기 수준보다 더 높이 발전한다. 큰 실패를 겪은 뒤 눈부시게 재기하는 경우가 바로 그렇다. 회복탄력성은 크게 3가지 요인으로 구성된다.

- 자기조절 능력 (감정 조절력 + 충동 통제력 + 원인 분석력)
- 긍정성 (자아 낙관성 + 생활만족도 + 감사하기)
- 대인관계 능력 (소통 능력 + 공감 능력 + 자아 확장력)

회복탄력성이 높으면 감정 조절을 잘하고 자신에게 주어진 과제를 끝까지 해낸다. 또 스스로를 유능하다고 느끼면서 주도적으로 인생을 관리한다. 45쪽의 도표를 보면서 자신이 어떤 것에 강점을 지녔는지 체크해보자.

회복탄력성을 높이기 위해 우리는 생각을 긍정적으로 변화시키고, 행복의 수준을 높이며, 자신의 대표 강점을 발견하여 이를 지속적이고 체계적으로 발전시켜야 한다.

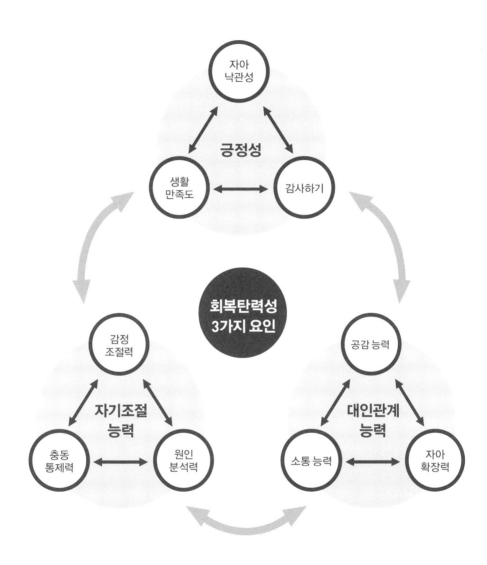

출처: 김주환, ≪회복탄력성≫, 위즈덤하우스

자기조절 능력 (스스로 감정을 인식하고 조절하는 능력)	감정 조절력	스스로 부정적 감정을 통제·긍정적 감정과 건강한 도전의식
	충동 통제력	기분에 휩쓸리는 충동적 반응 억제
	원인 분석력	정확한 대처 방안을 찾아낼 수 있는 능력
대인관계 능력 (다른 사람의 감정을 이해하고 공감함으로써 원만한 인간관계를 유지하는 능력)	소통 능력	인간관계를 진지하게 맺고 오래도록 유지하는 대화의 능력
	공감 능력	다른 사람의 심리나 감정 상태를 잘 읽어낼 수 있는 능력
	자아 확장력	자기 자신이 다른 사람과 연결되어 있음을 알고 타인과의 관계 속에서 자신을 이해하는 능력
긍정성 (자기조절 능력과 대인관계 능력을 향상시키기 위하여 긍정적 뇌로 변화시키는 힘)	자아 낙관성	지금의 상황을 내가 원하는 방향으로 이끌 수 있다는 자신감
	생활만족도	평소에 자신의 강점에 집중하고 꾸준히 수행하여 긍정적 뇌를 단련함
	감사하기	긍정적 정서 향상 훈련에 최고인 매사에 감사하는 마음 갖기

스스로 생각하는 나의 강점은?

스스로 생각하는 나의 약점은?

마음의 다이얼
돌리기

― 바라는 대로 이루어지도록 긍정 마인드를 가져라 ―

　인간의 마음은 끊임없이 역동적으로 변화하는 특성을 가지고 있다.
마음의 주인은 누구일까? 내가 내 마음의 주인이지만 내 뜻대로 되지
않을 때가 많다. 운동을 해야 몸이 건강해지듯 마음도 마찬가지다. 자
신의 마음 밭을 갈고 경작하여 추수할 열매를 풍성하게 맺는 데까지
시간과 노력이 필요하다.

　"행복은 마음먹기에 달려 있다." 이 명제를 앞에 두고 이제 마음의
다이얼을 행복해지는 방향으로 돌려보자. 행복이 가장 좋아하는 짝은
'긍정적인 마음'이다.

긍정적인 마음을 위한 핵심, 첫 번째는 행복한 삶을 위한 목표의 발견이다. 삶의 목표와 존재의 이유, 자신의 소명과 함께하는 인생은 긍정적인 삶의 자세를 갖게 하기 때문이다. 이를 위해 불안과 근심걱정으로 흔들릴 때마다 마음을 잡아줄 인생 이념을 정리해보고 '나만의 버킷리스트'를 작성해보는 습관을 들이자.

과거, 나는 명강사를 꿈꾸었지만 찾아주는 청중이 없는 힘들고 외로운 초보 강사의 시절을 보냈다. 그 시절 새벽이면 강의 자료를 가지고 집 앞 공원을 걸으며 혼자서 수없이 강의 연습을 했다. 집에서는 거실 벽에 대형 칠판을 걸어두고 앞에 수백 명의 청중이 있는 듯이 칠판에 판서를 해가며 열의를 다해 강의 연습을 했다. 나의 버킷리스트 중 명강사가 되어 많은 강단에 서는 것이 첫 번째이었기에 간절함으로 최선을 다할 수 있었다.

이렇게 낙관적인 자세로 버킷리스트에 쓰인 목표를 보며 실행력을 단단하게 만들어야 한다.

낙관적인 자세를 가져야 한다고 말하면 "미래가 좋을 수도 있고 나쁠 수도 있는데, 어떻게 낙관적인 자세를 가질 수 있는가?"라고 반문할 수 있다. 그러나 낙관적인 사람이 만들어내는 미래와 그렇지 않은 사람이 만들어내는 미래는 분명 차이가 있다.

〈행복연구 저널〉의 편집위원이며 독일 괴테 대학교 사회학과 볼프강 글레이저(Wolfgang Glatzer) 교수는 이렇게 말했다.

"자신의 미래를 어떻게 보는가가 행복에 결정적인 영향을 미친다. 지금의 상황이 나쁘더라도 미래가 희망적인 것이, 현재는 만족스럽지만 장래가 어두운 것보다 낫다."[3]

미래를 밝게 보는 사람은 강한 추진력을 가진다. 밝은 미래를 더 빨리, 더 안정적으로 이뤄내기 위해 스스로 열심히 노력한다. 그러면 미래를 어둡게 바라보는 사람보다 분명 더 좋은 결과를 가져온다.

'지금 이것만 이겨내면 분명히 밝은 미래가 올 것이다.' 이렇게 느끼는 사람은 외적인 어려움을 사소한 것으로 받아들여 실행력이 높아진다. 반면 그렇지 않은 사람은 쉽게 좌절하거나 '정말 될까?' 하며 미래에 의구심을 가져 실행력이 약해질 수밖에 없다. 볼프강 글레이저 교수의 말처럼 미래에 대한 자세가 미래를 바꾸는 신기한 일이 발생할 수 있다.

지금 자신의 미래에 대한 느낌을 말해보자. 희망적일 것 같은가? 아니면 지금보다 훨씬 어두워 보이는가? 자신이 어떻게 느끼느냐만으로도 미래가 어떻게 펼쳐질지 예상해볼 수 있다. 다시 한 번 말하지만 현재 자신의 느낌과 자세는 미래를 위한 행복 추진력에 큰 도움이 된다. 마음을 밝은 생각으로 채우고 삶의 목표를 향해 나아가면 분명 더 좋은 결과를 거둘 것이다.

긍정적인 마음을 위한 핵심, 두 번째는 두뇌에 계속해서 특정 신호를 보내는 '자기암시법'이다. 자기암시란 평소 품고 있던 자신의 생각을 반복해서 다짐하는 것이다. 하루에도 몇 번씩 짧은 문장이나 단어로 지금 자신이 이루려고 하는 버킷리스트의 목표를 되새긴다. 그러면 목표를 이룰 방법이 보인다. 자기암시는 간단하지만 그 힘은 엄청나다.

나 역시 초보 강사 시절, 열심히 노력하다가도 문득 이 길이 맞을까 하는 두려움이 밀려올 때면 울컥하는 마음이 올라와 감정을 주체할 수 없었다. 그럴 때마다 "오늘은 최근 큰 인기를 얻고 있는 화제의 인물, 강은미 강사님을 모시고 강연을 들어보겠습니다"라는 소개를 들으며 강단에 서는 내 모습을 그려보았다. 포기할 수 없는 나의 삶, 나의 꿈이 다시금 내게 희망과 용기를 주었다.

자기암시는 요행을 바라는 것이 아니다. 삶의 목표를 향해 나아가는 과정에서 최선의 결과를 가져오게 하는 실행력을 북돋는 방법이다. 자기암시를 자주 하다 보면 본심으로 자리잡아 행동하기 때문이다. 자기암시는 목표를 이루는 데 가장 효과적인 자극제가 될 수 있다.

인생의 북극성 찾기

나침반이 없던 시절, 망망대해를 항해하기 위해서는 반드시 북극성을 찾아야 했다. 북극성은 언제나 같은 자리에서 똑같이 반짝이고 있기에 잠시 길을 잃었더라도 항해자의 든든한 길잡이 역할을 했다.

우리의 인생도 항해와 같다. 때로는 목표로 향하는 길에서 벗어나 방황하거나 길을 잃기도 한다. 즐거움에 취해 마음이 흐트러질 때도 있고 슬픔이 엄습해 꼼짝하지 못할 때도 있다. 이러한 상황에서도 우리는 다시 앞으로 걸어가야 한다. 물론 잠시 쉬어가는 일도 필요하지만 그 시간이 길어서는 안 된다.

미지의 길을 걸어가는 우리에게는 북극성 역할을 해주는 '인생 이념'이 필요하다. 흔들릴 때마다 잡아줄 인생 이념은 우리에게 자신감을 되살려주며, 복잡한 세상사에서 자신만의 확고한 판단 기준을 제공한다.

우리에게 인생 이념 '북극성'이 없다면, 우리는 계속 흔들리며 자주 길을 잃을 것이다. 하지만 인생 이념이 있다면 우리는 언제 어느 때라도 북극성을 바라보며 안전한 항해를 할 수 있다.

나의 북극성(예시)

나는 행복한 삶을 향해
나의 가능성을 믿고 도전하는 실천가이다.
나는 항상 자신을 직시하고
무엇이 가장 중요한지를 확인하면서 앞으로 나아간다.
아무리 사회적으로 인정받는다 해도 소중한 사람이나 소중한 일을
잃어버린다면 의미가 없는 만큼 진솔하고 따뜻한 마음으로
다른 사람을 대하고, 만남에 감사하며 성장하길 원한다.
나와 함께한 많은 사람과 기뻐하고 감동의 순간을 만들며
그들을 응원하는 인생이고 싶다.

나의 북극성 _ 인생 이념 쓰기

버킷리스트 만들기

확실한 목표를 가진다면 더욱 빛나는 삶을 살 수 있다. 목표가 없는 인생은 그저 바다 위에 떠 있는 부표와 같다. 되는 대로 살아가고, 주변 환경에 좌우된다. 이래서는 원하는 바를 성취할 수 없다. 지금이라도 '내 인생의 버킷리스트'를 적어보자.

버킷리스트는 단순한 '목표'가 아니다. 의무감에서 하는 것이 아니라 정말로 내 인생에서 꼭 한 번 해보고 싶은, 간절하게 원하는 것들이다. 또 나를 기쁘게 하고 흥분시키는 것, 하지 않으면 죽을 때 눈을 감지 못할 것들이다. 이런 버킷리스트는 꺼져가는 열정의 불씨를 살린다. 이 불씨는 삶의 모든 영역에 활력을 불러일으킨다.

버킷리스트는 구체적으로 써야 한다. 그러면 가슴속에 숨어 있던 자신만의 열정이 조금씩 피어오르고 인생이 얼마나 소중한지, 또 자신의 소망이 얼마나 아름다운지 알 수 있다.

버킷리스트를 적은 뒤에는 그것이 실현된 모습을 영화의 한 장면처럼 구체적으로 상상해보자. '생생하게 상상하면 현실로 이루어진다'는 말도 있다. 버킷리스트는 당신의 인생에 강력한 터보엔진을 달아줄 것이다.

나의 욕망: 나를 살아 있게 하는 꿈 목록
Do : 하고 싶은 일
Have : 가지고 싶은 것
Go : 가고 싶은 곳
Be : 닮고 싶은 사람

2WCH 활용하여 기록하기
What (소망 : 무엇을 하고 싶은가)
Why (의지 : 왜 그것을 하려 하는가)
Can (가능성 : 실현 가능성이 있는가)
How (방법 : 어떻게 하면 할 수 있을까)

자기암시 필사하기

목표 설정도 필요하지만 그것을 이뤄내기 위한 '실행력'이 더 중요하다. 실행력은 목표까지 가는 길에 생기는 숱한 어려움을 이겨낼 투지를 만들어준다. 같은 장애물이라도 어떻게 보느냐에 따라 달라진다. 자신감이 있다면 장애의 정도는 낮아지고, 자포자기한 상태라면 그 장애의 버거움은 두 배가 된다.

실행력은 때로 멀리 보이는 목표에 대한 끈을 놓지 않고 강하게 부여잡는 열정을 공급해준다. 인간의 감정과 마음은 매우 유약해 굳게 마음먹었다가도 금세 바뀌기도 하고 어느새 그런 자신을 합리화하기도 한다.

이러한 어려움에서 벗어나기 위해 '자기암시'를 통해 실행력을 더욱 단단하게 만들어야 한다. 자기암시는 오감의 형태를 빌려 의도적으로 특정 자극을 자신에게 제공하는 것이다. 자기암시는 단순하지만 그 힘은 엄청나다. 실제 자신이 하는 말에는 일종의 '성취력'이 있다고 한다. 자신이 한 말에 의해서 몸과 마음이 움직이고 결과적으로 새로운 현실이 눈 앞에 펼쳐진다.

매일 자기암시를 하다 보면 어느덧 무의식까지 영향을 받는다. 그리고 어느 순간 자기암시가 필요 없을 정도로 강한 실행력을 가질 수 있다. '내 삶을 더 행복하게 하는 자기암시법 12'를 낭독하고 필사해보자.

1. 나는 나의 가장 좋은 친구다.

2. 나는 꿈을 이루기 위한 시간, 에너지, 지혜와 돈을 충분히 가지고 있다.

3. 나는 지금의 자리에서 최고의 능력을 발휘하고 있다.

4. 나의 꿈은 가장 알맞은 때에 알맞은 방법으로 실현된다.

5. 나는 중요한 20퍼센트에 집중하고 있다.

6. 나는 꼭 필요한 일은 그 자리에서 실천한다.

7. 나는 매일매일 발전하며 목표한 바를 끝까지 해내는 사람이다.

8. 나는 지금 최고로 행복한 삶을 누리고 있다.

9. 내 안에는 사랑과 풍요가 넘쳐흐른다.

10. 나는 늘 나에게 도움이 되는 선택만 한다.

11. 나는 모든 일이 술술, 다 잘되고 있다.

12. 나는 지금 이대로의 내가 너무 좋고, 더 좋은 나로 변화하고 있다.

출처: 긍정확언 · Google Play 앱

■ '내 삶을 더 행복하게 하는 자기암시법 12' 필사하기

1. 나는 나의 가장 좋은 친구다.

....

....

2. 나는 꿈을 이루기 위한 시간, 에너지, 지혜와 돈을 충분히 가지고 있다.

....

....

3. 나는 지금의 자리에서 최고의 능력을 발휘하고 있다.

....

....

4. 나의 꿈은 가장 알맞은 때에 알맞은 방법으로 실현된다.

....

....

5. 나는 중요한 20퍼센트에 집중하고 있다.

....

....

6. 나는 꼭 필요한 일은 그 자리에서 실천한다.

....

....

7. 나는 매일매일 발전하며 목표한 바를 끝까지 해내는 사람이다.

....

....

8. 나는 지금 최고로 행복한 삶을 누리고 있다.

....

....

9. 내 안에는 사랑과 풍요가 넘쳐흐른다.

....

....

10. 나는 늘 나에게 도움이 되는 선택만 한다.

....

....

11. 나는 모든 일이 술술, 다 잘되고 있다.

....

....

12. 나는 지금 이대로의 내가 너무 좋고, 더 좋은 나로 변화하고 있다.

....

....

행동으로 두뇌 전선 바꾸기

- 행복습관이 자동 발현된다 -

　행복하기 위해서는 마음을 긍정적으로 바꾸고 실행력을 키워야 한다고 했지만 아무리 굳세게 결심해도 3일이면 부정적인 생각이 스며든다. 그래서 '작심삼일'이라는 말도 생긴 것 아닌가.

　최고가 된 사람들, 성공한 사람들, 행복을 찾은 사람들, 평화를 얻은 사람들을 살펴보면 그들은 모두 습관까지 바꿨다. 긍정적인 마음과 행복해지려는 행동이 함께할 때 가장 큰 힘을 발휘하고, 또 그것이 습관으로 정착되어야 지속 가능한 행복을 추구할 수 있다.

　하지만 습관까지 바꾼다는 것은 말처럼 쉬운 일이 아니다.

그 이유는 둘로 요약된다. 첫째는 많은 사람이 생각과 의지만으로 변화하려고 했기 때문이다. 둘째는 실행을 위한 구체적인 마스터 플랜을 짜지 못했기 때문이다. 제대로 실천해 습관으로 정착시키기 위한 방법론과 구체적인 계획 세우기에 약하다 보니 지속적인 행동의 변화로 이어지기 어려울 수밖에 없다.

행복해지기 위해서는 나쁜 습관을 줄이고 좋은 습관을 늘려야 한다. 그러기 위해 첫 번째로 생각(의지)과 행동, 습관의 관계부터 살펴보자.

그동안 많은 전문가가 습관을 변화시키는 방법을 연구해왔다. 그중 가장 중요한 질문이 '습관을 바꾸는 궁극적인 힘은 어디에서 나오는가?'였다. 이 질문에 대한 대답 여부에 따라 '제1학파'와 '제2학파'로 나누어졌다.

제1학파는 습관이 바뀌기 위해서는 '생각'이 먼저 달라져야 한다고 주장했다. 무엇보다 사람은 이성적이고 합리적인 존재여서 일단 생각이 바뀌어야 그것이 행동으로 표출되고, 결국 생각이 습관과 운명을 변화시킨다는 것이다.

반면에 제2학파는 생각보다 '행동'이 달라져야 한다고 주장했다. 사람은 생각만으로 쉽게 변하지 않으므로 먼저 행동을 바꾸면 생각이 바뀌고 결국 행동이 습관과 운명을 변화시킨다는 것이다.

사실 어떤 면에서 보면 생각과 행동 둘 다 중요하다. '생각해보니 내

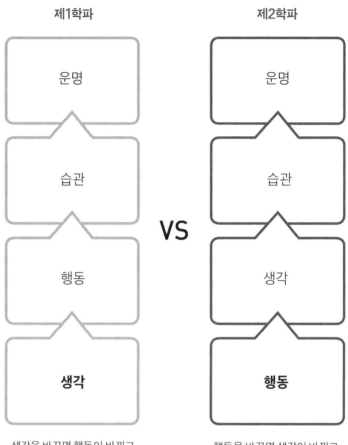

제1학파

운명

습관

행동

생각

생각을 바꾸면 행동이 바뀌고,
행동을 바꾸면 습관이 바뀌어서
운명이 바뀐다.

VS

제2학파

운명

습관

생각

행동

행동을 바꾸면 생각이 바뀌고,
생각을 바꾸면 습관이 바뀌어서
운명이 바뀐다.

가 바뀌지 않으면 안 되겠어'라고 해서 변화를 꾀할 수 있고, 반대로 행동을 계속하다 보니 생각이 바뀔 수도 있다. 이 둘은 습관의 변화를 불러오는 양 날개이다.

그런데 우리의 일상에서 좀 더 지속적이면서 확실하게 습관의 변화를 만들어내기 위해서는 생각과 의지, 결심만으로는 부족한 경우가 많다. 이는 기존의 습관이 이미 두뇌 신경전달 경로를 고착화시켰기 때문이다.

뇌과학의 선구자로 불리는 캐나다 맥길 대학교 심리학과 도널드 올딩 헤브(Donald Olding Hebb) 교수는 신경심리학 연구를 통해 이 같은 사실을 밝혀냈다. 헤브 교수에 의하면, 인간이 습관적으로 하는 일들은 의지의 발현이기보다는 이미 두뇌 속에 구축된 특정 행동 양식의 자동 발현이라고 한다.

이를 전문용어로 '두뇌 속의 전선'이라고 한다. 뇌세포는 전기신호를 주고받아 작동한다. 특정 전기신호가 형성되고 몇 번 이상의 신호를 주고받으면 계속해서 전선이 두꺼워지고 이를 반복하려는 경향을 보인다. 출근하면 커피부터 마신다, 운전석에 앉으면 자신이 좋아하는 음악부터 튼다 같은 행동이 반복된 전기신호가 만들어낸 두뇌 속 전선에 의한 자동 발현이다.

습관을 변화시키려면 전선을 교체하는 대공사를 벌여야 한다. 한 번 깔린 전선을 교체하기는 어렵지만 불가능한 일은 아니다. 집 안을 완전히 뒤바꿔 정리정돈하는 일도 조금씩, 계속해서, 반복적으로 하다 보면 언젠가는 끝나게 마련이다.

　습관 변화도 마찬가지다. 한꺼번에 두뇌 속의 전선을 모두 교체할 수는 없으니 작은 행동을 하나씩 개선해 두뇌 속의 전기신호를 바꿔가면 언젠가는 전체적인 두뇌 전선이 달라진다. 그러면 더 이상 과거의 방식에 얽매이지 않고 자연스럽게 습관 변화를 이뤄낼 수 있다.

　결국 습관을 변화시키려면 '생각과 의지'를 계속해서 다지는 건 기본이고 두뇌 속의 물리적인 전기신호와 전선을 바꾸는 '구체적인 행동'을 반복적으로 실천해야 한다. 다음의 2가지 실험은 행동이 우리 생각에 어떤 영향을 미치는지 잘 보여준다.

실험 1 ● 매일 다른 길 걷기와 창의력

　매일 같은 길을 반복적으로 걷는 사람과 다른 길을 걷는 사람의 창의력을 비교한 연구가 있다. 그 결과 매번 다른 길을 걷는 사람이 훨씬 더 창의적이라는 사실이 밝혀졌다. 이 역시 '특정 행동'이 사람에게 '특정 영향'을 준다는 사실을 알려준다.

　창의적으로 변하기 위해 '창의적인 생각을 하자!'라고 수없이 다짐하고 외치기보다 그저 '다른 길을 걷는' 특정 행동을 실행하자. 새로운 길을 걷다 보면 생각의 폭이 확장될 수 있다.

　주변을 정리하면 기분과 태도, 심지어 인생관이 달라지기도 한다. 간결함과 단순함을 추구하는 미니멀리스트들은 생활에 꼭 필요한 최소한의 물건만 집에 두고 산다. 어찌 보면 집이 휑할 정도로 단출하다. 하지만 그들은 입을 모아 말한다.

“이렇게 살고부터 마음이 가벼워지고 더 행복해졌어요.”
“작은 것에서 소소한 즐거움을 느끼게 되었어요.”
“물건에 휘둘리지 않고 내 인생의 주인이 된 것 같은 기분이에요.”

　불필요한 물건을 버리는 행동을 통해 마음가짐, 기분, 삶의 지향점마저 달라졌다고 말한다.

　이렇듯 행동은 자신을 바꾼다. 주변 환경을 바꾸면 생활이 달라진다. 행동은 나태한 마음을 환기시키고 새로운 자극을 주어 각성 상태로 이끌고 계속해서 나아갈 힘을 준다.

　그러니 이제부터라도 행동으로 옮기자! 결코 늦지 않았다. 머릿속으로만 생각할 것이 아니라 ‘생각을 행동으로 옮기는 자신에게 집중’해야 한다. 행동에 집중하면 생각이 가져다줄 수 있는 망설임이나 원하는 것이 이뤄지지 않으면 어떡하나 하는 불안감마저 없어진다.

행복습관 형성을 위한 174 프로젝트

-하루 1가지, 7일 동안, 4주 반복하면 습관이 정착된다-

회사는 목표를 향해 흔들림 없이 나아가기 위해 경영과 관리가 필요하다. 우리 인생도 행복하기 위해서는 경영과 관리가 필수다. 그렇다면 행복을 얻기 위한 '경영과 관리'를 어떻게 하면 제대로 할 수 있을까? 인생의 경영과 관리는 '습관'에 초점을 맞추면 된다.

우리의 삶은 매일매일 습관에 의해 좌우된다. 식습관, 수면습관, 일하는 습관, 대화하는 습관, 심지어 생각하는 습관까지, 특별한 외부 자극이 없는 이상 우리는 이제까지 형성해온 습관에 따라 인생을 꾸려나간다. 성공한 사람들에게는 성공습관이 있고, 실패한 사람들에게는 그럴 수밖에 없는 실패습관이 있게 마련이다. 행복한 인생을 사느냐, 못 사느냐 역시 우리를 행복하게 만들어줄 '행복습관'을 얼마나 잘 경영하고 관리하느냐에 달려 있다.

앞에서 말했듯이 행복습관이 정착되지 못하는 또 하나의 이유는 '구체적인 실행을 위한 마스터 플랜'이 없어서다. 우리는 '열심히' 하는 것만 중요하게 여긴다. 성실하게 꾸준히 하다 보면 무언가가 이뤄질 거라고 막연하게 생각한다. 그러나 노력이 더욱 효과적으로 결실을 맺도록 하기 위해서는 구체적인 계획, 즉 마스터 플랜이 동시에 세워져야 한다.

자신이 어디까지 왔으며, 어디로 가고 있는지를 알아야 더 힘을 낼 수 있는 법이다. 분명한 마스터 플랜이 없으면 열심히 하다가도 어느 순간 허무하게 무너져버릴 수 있다. 그래서 우리에게 필요한 것이 바로 '행복습관 형성을 위한 174 프로젝트(이후 174 행복습관 프로젝트)'다.

나는 그동안 수많은 사람을 만나면서 변화의 과정에서 실패하는 사람들의 공통점 하나를 알게 되었다. 그것은 목표를 지나치게 높게 잡고 단번에 실천하려 했다는 점이다. 과도하게 세운 목표는 실천하기 힘들며 지속성이 담보되지 않아 성공 확률이 낮다. 달리기 선수들이 '빨리 달려야지'라고 결심했다고 빨리 달릴 수 있는 것은 아니다. 매일매일 수많은 반복 훈련을 통해 인체를 단련해야 근육과 순발력이 붙어 빨리 달릴 수 있다.

습관 형성에도 이러한 방법을 활용해야 한다. 생각 이전에 지속적으로 작은 행동을 반복함으로써 우리의 습관을 자연스럽게 변화, 형성

해주어야 한다. 하루에 단 1가지 사소한 행동의 반복만으로 좋은 습관을 만들 수 있다면, 좌절의 악순환보다 자신감과 희망을 갖게 될 것이다.

'174 행복습관 프로젝트'는 '매달 1가지 행복습관 만들기' 프로젝트다. 작지만 행복에 도움이 되는 하루 1가지 행동을 바꾸고, 7일 동안 꾸준히 실천하고, 이를 다시 4주간 반복해 습관으로 정착시킨다. 매달 1가지만 변화시켜도 1년이면 12가지 행동을 습관화할 수 있다. 이렇게 매달 바꿔야 할 것을 단 하나로 최소화해 집중하면 심리적 부담이 생기지 않아 실천력이 더욱 강해진다.

작은 행동의 변화라고 만만하게 봐서는 안 된다. 이미 수년간 혹은 수십 년간 몸에 완전히 배어 있던 것을 변화시켜야 하기 때문이다. 그러나 하나가 바뀌면 다른 것도 연속적으로 바뀔 수 있다.

지속적으로 습관에 변화를 주려면 매일 '기록과 점검'도 필수다. 날마다 자신에게 '긍정의 메시지'와 '자기암시의 말'을 지속적으로 해주는 것은 물론, '오늘 바꿀 습관'을 위한 행동도 명확히 기록해야 한다. '174 행복습관 프로젝트'의 기록과 점검은 월 단위 플래너를 활용하면 효과적이다.

개선하고자 하는 습관을 구체적으로 기록한다. 예를 들어 '다른 사람의 이야기 경청하기'라고 쓸 수도 있겠지만 좀 더 자세한 행동 수칙

매달 1가지 행복습관 만들기

까지 쓴다.

'남의 이야기를 충분히 차분하게 듣고 중간에 말을 끊지 말자. 상대방의 말이 완전히 끝난 뒤에 내 의견을 말하자.'

이렇게 하면 실천하기가 한결 쉽다.

하지만 플래너에 적은 후 덮어놓고 신경 쓰지 않는다면 단순한 메모에 불과하다. 매일 하루를 정리하는 시간에 제대로 실천했는지 살피자. 이렇게 하면 일주일 후 서서히 바뀌어가는 자신의 모습을 확인할 수 있고, 4주간 반복해 한 달이 되면 어느새 습관으로 정착되어 있을 것이다.

'174 행복습관 프로젝트'를 제대로 실천하기 위해서는 목표 설정에서부터 주의를 해야 한다. 과하게 욕심내지 말고 충분히 실행 가능한 것을 목표로 삼아야 한다. 다음의 2가지 사례를 살펴보자.

사례 1 ● '큰 행동'으로 목표를 잡았을 때

12월 31일, '매일 1시간씩 운동하기'라는 새해 목표를 세웠다. 이번에는 작심삼일이 되지 않게 하려고 벽에 크게 써 붙여놓기까지 했다.

1월 1일, 아침 일찍 일어나 동네 한 바퀴를 돌고 시간이 남아 집 앞 놀이터에서 줄넘기도 했다. 기분이 상쾌했다. 그런데 평소보다 일찍 일어나서인지 낮에 자꾸 졸음이 몰려왔다.

1월 2일, 아침에 일찍 일어나려는데 몸이 무거웠다. 그래도 벽에 붙여 놓은 새해 목표를 보며 간신히 일어나 전날처럼 열심히 운동을 했다.

1월 3일, 아침에 피곤해서 도저히 일어날 수 없었다. 결국 새해 목표 는 작심삼일이 되고 말았다.

사례 2 ● '작은 행동'으로 목표를 잡았을 때

새해 목표를 '매일 10분씩 스트레칭하기 그리고 컨디션이 괜찮으면 10분씩 운동 시간 늘리기'로 했다.

부담감이 줄어 꾸준히 실천할 수 있었고, 매일 실천할 때마다 '나도 해냈다'는 성취감이 느껴져 자신감이 생겼다.

작게 시작하면 자발적으로 시간을 조금씩 늘릴 수 있다. 할수록 재 미가 붙고 스스로 하려는 의지가 솟아나 성취감도 높아진다. '한번 해 보자'는 도전정신까지 생긴다. 이것이 작은 성취감이 가진 큰 힘이다.

지금의 삶에서 바꾸고 싶은 것이 있다면 원하는 결과를 단번에 얻으 려 하지 말고, 사소한 행동이 어떻게 변화될지에 주목해보자.

아침에 일어나서 물을 마시는 습관이 없다면 딱 일주일만 '아침에 일어나자마자 물 한 잔 마시기'라는 목표를 세우고 실천해보자. 한 달

'큰 행동'으로
목표를 잡았을 때

매일 1시간씩
운동하기

첫째 날, 둘째 날
실천

피로 누적으로
포기

'난 안 돼~.'

'작은 행동'으로
목표를 잡았을 때

매일 10분씩
스트레칭하기

컨디션이 괜찮으면
'10분 추가'

매일 1시간
운동하는 습관 정착

'다음 목표는
무엇으로 할까?'

만 실천하면 애써 생각하지 않아도 아침에 일어나면 자연스럽게 손이 물 컵으로 갈 것이고, 그러한 경험이 더 큰 습관의 변화를 이끌어낼 수 있다.

'174 행복습관 프로젝트'는 이렇게 작고 사소한 행동을 조금씩 바꾸고, 이를 기록하고 점검해 인생의 커다란 변화를 얻으려는 것이다. 이제 우리는 행복으로 가는 길목에 2가지 새로운 무기를 갖게 됐다.

첫째, 생각과 의지에 더해 행동으로 습관을 변화시킨다.

둘째, 한 달에 1가지 습관 바꾸기를 목표로 '174 행복습관 프로젝트'를 실천한다.

이 2가지 무기는 지금까지 습관 앞에서 무릎을 꿇은 당신에게 효율적인 변화 방법이 되어줄 것이라고 확신한다.

PART 2

행복습관의
5가지 힘

행복해지기 위해
'174 행복습관 프로젝트'를 실행하는 데 필요한
원천적인 힘이자 근본적인 동력인 5가지 힘(力)이 있다.
바로 가치력, 관계력, 감사력, 건강력, 여가력이다.
이 각각의 힘은 우리의 내·외면을 단단하게 다지고
다른 사람과의 관계를 개선시키며
삶을 더욱 풍요롭게 만든다.

1장

자신이 원하는
삶의 가치 찾기,
가치력

가치력은 인생에서
자신에게 무엇이 중요한지 아는 것이다.
가치력이 없으면 갈림길에 선 순간 잘못된 결정을 내릴 수 있고
행복의 경로를 이탈할 수밖에 없다.

행복으로 가는
나만의 길 찾기

- 목표를 향한 과정에서 올바른 선택하기 -

행복습관의 5가지 힘 중 가장 기본이 되는 가치력의 중심에는 '나 자신'이 있다. 모든 것이 나 자신으로부터 시작된다는 점에서 나를 바로 세우는 가치력은 '행복으로 가는 이정표'이기도 하다.

가치력은 '내 삶은 무엇에 가치를 두고 있는가', '나는 어떤 가치를 따르는가'를 아는 것이다. 가치력이 성장할수록 우리는 꾸준히 행복의 길을 따라 걸으며 그 과정에서 행복을 느끼고, 인생을 완성해나간다.

앞에서 자기 분석, 셀프 토크, 긍정 다이얼을 통해 자신에 대해 알아본 것도 가치력을 높이기 위한 작업이다. 특히 웰빙 수준 알아보기는 가치력 성장에 큰 도움이 된다. 이렇듯 자신의 과거와 현재, 미래를

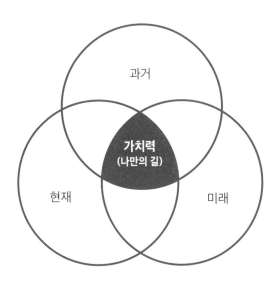

분석해보아야 그 3가지가 중첩된 교집합 속에서 '나는 누구이며 어떻게 살아야 할지' 알아차림이 이루어진다. 이것이 바로 행복으로 가는 '나만의 길'을 만들어가는 여정이다.

　하지만 우리는 이렇게 중요한 가치력을 잊고 산다. 무조건 열심히 생활하는 데에 마음과 몸이 바쁘다. 그러다 보니 자신이 무엇을 좋아하고, 어떤 것에 가치를 두고 살아야 할지 모르는 사람이 많다. 나는 가끔 강의를 하며 만나는 사람들에게 묻곤 한다.

　"우리가 열심히 사는 이유는 무엇일까요?"

　이 질문에 명쾌하게 대답하는 사람이 그리 많지 않다. 이유는 우리가 받아온 교육 때문일 수도 있고, 사회·문화적 환경 때문일 수도 있다. 그것이 아니라면 오로지 하루하루 살아내는 것에만 집중해서 미처 생각할 여유가 없었을 것이다.

중요한 것은 자신을 제대로 모르고, 삶에 대한 자신만의 확고한 가치가 약한 사람일수록 번아웃증후군에 시달릴 수 있다는 점이다. 자신의 가치에 따라 살지 못하면 정신없이 당장 눈앞의 일들만 처리한다. 그러다가 문득 '내가 왜 이러고 살지?'라는 생각을 하면서 왠지 모를 허탈감을 느끼기도 한다. 이제까지 자신이 해온 일이 아무 의미가 없는 것 같고, 앞으로 무엇을 위해 살아가야 할지도 막막해진다. 이런 상태에서 행복을 느끼기란 쉽지 않다.

반면에 확고한 가치가 있는 사람, 즉 '가치력이 높은 사람'은 허탈감이나 무의미함을 느낄 틈이 없다. 자신의 길을 성실하게 걸어가는 것만으로도 하루하루가 즐겁기 때문이다.

가치력이 높은 사람일지라도 가끔씩 밀려오는 삶의 파도에 흔들린다. 그러나 이들은 그 파도에 휩쓸리지 않고 자신의 내면을 진지하게 들여다보며 자신의 가치를 확인한다. 그 결과 평온함을 되찾고 작은 성취에도 만족을 느끼면서 행복감을 높일 수 있다.

나는 일반인들을 대상으로 직업, 세대, 지역에 상관없이 경계의 융합을 통해 행복습관 만들기를 돕는 '행복리셋연구소'에서 행복수업 프로그램을 운영하고 있다. 참여하는 사람마다 하고 싶은 일은 다르지만 지금과는 다른, 성장하는 자신을 지향한다는 점이 그들의 공통점이다.

나는 그들이 목표 달성을 위해 3가지 실천방안 '만나자·배우자·나누자'를 적극 받아들이고 실천하게 한다. 그래야 자신들의 삶의 가치가 더 구체적으로 강화되기 때문이다.

- 만나자(친구: 마음의 버팀목)
- 배우자(독서: 앉아서 하는 여행)
- 나누자(베풂: 복과 행운 저축)

만나고 배우고 나누는 것을 복잡하게 생각할 필요가 없다. 최대한 단순화시켜 하루 책 1목차 읽기, 3줄 감사일기 쓰기, 30분 자전거 타기, 아침에 즐거운 마음으로 출근하기, 2리터 물 마시기, 아파트 계단으로 올라가기, 작은 것이라도 다른 사람 돕기, 친절 베풀기 등을 실천하면 된다. 프로그램 참여자들은 한 달에 한 번 만나 서로의 실천사항을 공유하며 함께 성장해가고 있다.

누구나 행복한 삶을 목표로 하지만, 모두가 행복으로 가는 길을 걷고 있는 것은 아니다. 자신의 과거−현재−미래에 대한 진지한 질문에 답하며 자신만의 '행복으로 가는 길'을 꼭 찾아내야 한다.

가치력을 변화시키는
실천 방법

- 말, 글, 행동을 바꾸고 해야 할 일을 한다 -

'가치'는 우리의 인생 전체를 좌우하는 매우 중요한 문제다. 우리의 두뇌와 마음, 생각, 글과 말, 행동에 총체적으로 관여해 궁극적으로 한 개인의 상식 수준을 결정하고, 지향하고자 하는 바도 알려준다.

다음 82쪽 표에서 알 수 있듯이 가치 결정의 시작점(1단계)은 '두뇌'와 '마음'이다. 두뇌는 이성과 지식을 통해, 마음은 기분과 정서를 통해 생각을 만들어낸다. '생각'은 지혜와 판단력을 결정하고(2단계) 이것이 '글'과 '말', '행동'을 통해 외부로 드러난다(3단계). 이러한 전반적인 과정을 통해 궁극적으로 '삶의 가치'가 결정되는 것이다.

천 명의 사람이 있다고 할 때, 삶의 방식이 서로 다른 이유는 바로

1단계

두뇌
- 이성
- 지식

마음
- 기분
- 정서

2단계

생각
- 지혜
- 판단력

3단계

글
- 필력

말
- 대화술
- 인간관계

행동
- 태도

삶의 가치
결정

이런 개개인의 가치 결정 과정이 다르기 때문이다. 지적 수준이 비슷한 사람이라도 판단력이 달라지면 다른 삶을 추구하고, 기분과 정서가 비슷해도 행동이 달라지면 또한 삶의 길이 나뉜다.

결국 한 개인의 인생은 그가 가진 가치에 의해 결정된다. 누군가의 현재 모습은 그가 가진 가치의 결과물인 것이다.

지금까지 자신의 삶의 모습이 마음에 들지 않는다면 가치를 변화시켜야 하는데, 이는 곧 두뇌와 마음에서 시작해 생각을 바꿔야 하고 더 나아가 궁극적으로 말, 글, 행동이 달라지도록 해야 한다는 의미다.

이를 위해서는 긍정적인 마음을 가지고 시간을 과거와는 다르게 써야 하고, 공간을 다양하게 경험하며, 다른 사람들과 적극적으로 교류해 새로운 가치들과 맞닥뜨려야 한다.

이런 지적·심리적 성장을 해내야만 남다른 결과를 가져오고 궁극적으로 자신이 원하는 행복(가치)을 찾을 수 있다. 이제까지의 시간, 공간, 관계에 대한 습관을 바꾸고 싶다면 2가지를 점검해야 한다.

가치력을 높이는 2가지 요소

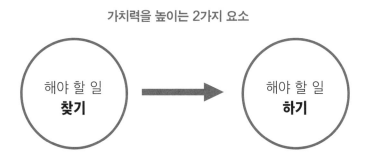

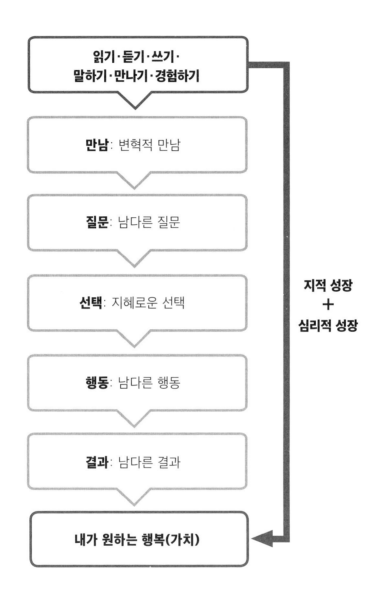

바로 나의 가치에 맞는 '해야 할 일을 찾아 그 일을 하고 있는가?'이다. 나의 가치에 맞는 일이란 어떤 것일까? 이것부터 고민하고 들어갈 때 나의 가치력이 결정된다. 그다음 내 가치력에 맞는 일을 함으로써 더욱 가치력이 높아진다.

이 둘을 어떻게 실천하느냐에 따라 삶은 4가지 유형으로 나뉜다.

자신이 해야 할 일 찾기	자신이 해야 할 일 하기	삶의 유형
×	×	후회하는 삶
○	×	게으른 삶
×	○	기적 같은 삶
○	○	성공하는 삶

자신이 해야 할 일을 모르고, 그것을 하지 않았을 때는 '후회하는 삶'을 산다. 먼 훗날 되돌아보았을 때 어쩌면 스스로를 한심하게 생각할지도 모를 일이다.

자신이 해야 할 일은 찾았지만 정작 그것을 하지 않으면 '게으른 삶'이 된다. 늘 미루고 피하면서 마음속으로 죄책감을 느끼며 후회하게 된다.

운 좋게 자신이 해야 할 일을 찾지 않았음에도 그것을 하는 경우도 있다. 이는 '기적 같은 삶'이라고 할 수 있다. 그러나 현실에서 이러한 일은 흔치 않다.

마지막은 해야 할 일도 찾고, 그것을 실천하는 삶이다. 바로 이것이 우리가 꿈꾸고 바라는 '성공하는 삶'이다. 머리로 알고 행동으로 옮겼으니 마음속에는 성취감이 가득할 것이고, 자신의 가치대로 살았으니 만족감을 느껴 행복할 것이다.

독일 시인 크리스티안 겔러트(Christian Gellert)는 이렇게 말했다.

"그대가 죽어가고 있을 때 이렇게 살았더라면 하고 바랄 그 소원대로 살아라."

이 말은 곧 자신이 해야 할 일을 찾고, 그 일을 하며 사는 삶이 얼마나 소중한지를 잘 말해준다. 이러한 삶의 과정에서 우리는 조금씩 스스로를 변화시키며 더 높은 가치력을 향해 나아갈 수 있다.

행복의 문을 여는 황금열쇠

– 행복의 문은 자신만의 방식으로 혼자 열어야 한다 –

가치력을 성장시켜 행복을 추구하고자 할 때 주의할 점이 하나 있다. 바로 '다른 사람과 비교하지 않기'다. 다른 사람과의 비교는 자신만의 견고한 가치를 만들어가는 데 최대의 장애물이다. 자신의 가치력을 높이려는 희망이 아무리 강해도 남과 비교하는 일을 그만두지 않으면 모든 노력이 물거품이 된다.

자신의 가치와 다른 사람의 가치에 비교우위를 정하는 것은 무의미하다. 살아온 방식이 다르고 생각하는 것이 다른데 어떻게 비교가 되겠는가? 중요한 것은 '어떻게 자신만의 방식으로 행복의 문을 열 것인가'이다. 이것을 찾아내는 것이 가치력을 더욱 성장시킨다.

사람은 누구나 '자신의 가치'를 추구하면서 '자신만의 행복'에 다가 간다. 그러므로 '다른 사람의 가치'는 존중하되, 나와 비교할 필요는 없다. 그들은 그들의 방식대로, 나는 내 방식대로 행복을 추구할 뿐 이다.

캐나다 브리티시컬럼비아 대학교 정치학과 알렉스 미칼로스(Alex C. Michalos) 교수는 이렇게 말했다.

"인간은 매우 복잡한 존재이고, 인생 자체도 복잡하다. 황금열 쇠는 없으며, 왕은 어떻게든 문을 혼자 열어야 한다."

여기에서 '왕'이란 각자 삶의 주체가 되는 자신이며, '문'은 곧 행복의 문이다. 누구나 자신 앞에 있는 행복의 문을 자신의 힘으로 열어야 한 다는 의미다.[4]

미칼로스 교수에 따르면 21세기를 살아가는 현대인이나 기원전 5세 기 고대 그리스 사람들이나 '더 나은 인생'을 살기 위해 사람들이 필요 로 한 것은 거의 비슷하다고 말한다. 고대 그리스 사람들도 좋은 것을 먹고 싶어 했고, 좋은 옷을 입고 싶어 했으며, 더 많은 재산을 가지고 싶었을 것이라는 점에서는 동일하다.

중요한 것은 그때나 지금이나 사람들마다 '각자 다른 방식'으로 행 복을 추구했다는 점이다. 방식은 유전적 기질에 따라, 아니면 타고난 재능에 따라 달라질 수 있다. 또한 노력해서 얻은 인내나 끈기, 용기나

자제력, 지혜에 따라서도 변화한다. 우리는 제각기 다른 존재이기에 행복으로 가는 '하나의 길'이라는 것은 존재하지 않는다.

미칼로스 교수는 이러한 이유로 "(행복으로 가는) 황금열쇠는 없다"라고 말한다. 바로 이 부분이 가치력과 매우 밀접한 연관이 있다. '어떻게 나만의 방식으로 행복의 문을 열 것인가' 고민하고 각자의 열쇠를 찾아내야 가치력이 성장한다.

지난 세월 나는 어떻게 나만의 행복으로 가는 황금열쇠를 찾았는지 그 과정을 말하고 싶다. 나는 자존감이 낮은 사람이었다. 가난한 집안에서 태어나 어린 시절 무능력한 아버지에 대한 기억이 좋지 않았다. 내가 선택한 것도 아닌 가난한 환경에 대한 억울한 마음만 가득이었다. 부모를 선택할 수 있는 것도 아닌데 나는 왜 우리 집에서 태어났을까라는 질문을 수없이 했던 것 같다.

다행히 긍정적인 어머니의 영향으로 잘 성장했다. 지금 이렇게 즐겁게 일할 수 있는 에너지는 초긍정 성격을 지닌 어머니 덕분이다.

성장해서 많은 강연에 초청되는 전국구 강사가 되기까지 유명 스타 강사들과의 비교로 열등의식이 없었다면 거짓말이다. 강연은 담당자와 청중으로부터 좋은 평가를 받았지만 인지도에 의해 달라지는 강의료가 내 마음을 섭섭하게 한 때도 많았다. 지방대 출신에 전라도 사투리, 작은 키에 허스키한 목소리까지 '나는 왜 이리 가진 게 없는지'라는 생각이 들 때면 마음 한켠이 허허로웠다.

하지만 나는 나만의 가치력을 찾아 성실하게 공부하고 기본을 지키며 신뢰 다지기에 최선을 다했다. 오직 작년보다 올해, 어제보다 오늘 더 좋은 내용으로 강단에 설 수 있도록 나 자신의 성장을 위해 치열한 도전을 했다. 유명 스타 강사와의 비교가 아닌 '평생 현업, 평생 학생'이라는 가치를 따라 걷는 길은 행복 그 자체였다.

다른 사람과 비교하지 않고 자신만의 행복의 문을 열기 위해 꼭 필요한 덕목이 '자기 자신에 대한 신뢰'다. 스스로를 신뢰하지 못한다면 자신이 찾아낸 가치도 믿을 수 없게 된다. 자신을 인정하지 못한다면 자신이 추구하는 가치도 불만스러울 수밖에 없다. 모든 가치력은 자신에 대한 단단한 신뢰가 기반이 되어야 한다.

나는 2008년부터 현재까지 강의력 기법 코칭을 꾸준히 해오고 있다. 강사가 꿈인 사람, 안정적인 직장은 있지만 인생 2막을 위해 찾아온 사람, 자신을 성장시키고자 하는 사람, 무기력해서 새로운 배움에 도전하는 사람 등 다양한 분들이 나를 찾아온다.

코칭을 하다 보면 지식이 많고 타고난 재능을 가졌음에도 자신에 대한 신뢰가 부족해 결국 기대치를 채우지 못하는 분들을 보게 된다. 반대로 재능은 부족하지만 자신이 추구하는 가치를 신뢰하며 꾸준한 노력으로 크게 성장한 분도 있다.

화순군 농협에서 근무하는 50대의 이준기 지점장님을 처음 만났을 때, 선한 인상과 순박한 모습에 그냥 참 좋은 분이라고 느꼈다. 그

분은 처음에는 소극적이고 목소리 떨림이 있어 함께한 동기들에 비해 발표력이 빨리 나아지지 않았다. 하지만 5분 발표, 10분 발표, 책 읽고 요약하기 등 작은 실천을 꾸준히 한 덕분에 코칭 기간 중 가장 많이 성장한 분이었다. 스스로를 믿고 성실함과 즐거움으로 작은 성공을 쌓아갔기에 자신감과 스피치 능력이 동반 성장한 것이다.

덴마크 오르후스 대학교 경제학과의 크리스티안 비외른스코브 (Christian Bjørnskov) 교수는 사회적인 신의나 주관적인 행복감에 대한 여러 권의 책을 출간했다. 그가 태어난 덴마크는 매년 세계의 '행복지수 조사'에서 상위를 차지한다. 밖에서 덴마크를 바라보는 이들은 덴마크 사람들이 행복한 이유를 탄탄한 복지제도나 부패하지 않은 정부 등으로 꼽지만, 정작 그의 눈에는 그것이 전부가 아니었다. 특히 복지제도를 통해 얻는 혜택에는 금방 둔감해지기에 그것만으로 덴마크 사람들의 행복감을 설명할 수는 없다고 말했다.[5]

비외른스코브 교수는 덴마크 사람들이 행복한 이유로 '자신의 자유의지를 믿고, 그 믿음에 따라 행동하는 것'을 꼽았다. 자신을 믿으면 인생에 아무리 거친 풍랑이 찾아와도 스스로의 힘으로 극복할 수 있다고 여기기 때문이다.

신념과 믿음이 있는 가치력은 인생에서 자유를 느끼게 하고, 책임 있는 선택을 하게 만든다. 자신이 원하지 않는 가치에 끌려 다니지 않고, 확고하게 설정된 가치에 따라 인생 항로를 선택해나가기 때문이다.

이런 이들을 '내적 통제 위치에 있는 사람'이라고 한다. 그들은 어떤 일의 결과를 자신의 능력과 노력으로 이뤄졌다고 생각한다. 늘 자신감에 차 있고, 노력하면 반드시 그에 걸맞은 성과를 만들어낼 수 있다고 믿는다.

반면 '외적 통제 위치에 있는 사람'도 있다. 그들은 다른 사람의 영향력이나 운에 의해 자신의 삶이 결정된다고 여긴다. 이러한 부류의 사람들은 스스로를 신뢰하지 못하는 경향이 강하여 늘 외적인 불운을 걱정하고, 그것을 민감하게 받아들인다.

자신을 믿지 못하는 것은 그동안 실패와 좌절의 경험이 많았기 때문이기도 하다. 하지만 살아오면서 늘 그런 일만 겪지는 않았을 것이다. 사소한 것이라도 자신의 성공 경험, 자신의 노력으로 만들어낸 성과를 소중히 생각할 때 서서히 자신에 대한 신뢰가 회복될 것이다.

부와 행복의
상관관계

- 돈의 노예가 아닌 주인이 되어야 한다 -

삶의 가치를 따져보는 이 순간, 또 하나 논의해야 할 것이 있다. 바로 '돈'이다. 많은 사람이 경제적 자유를 목표로 삼고, 부자가 되면 행복해질 것이라고 생각한다. 돈을 벌 때 행복하고 돈을 벌기 위해 열심히 살고 있으니 그것을 행복이라고 여긴다.

물론 경제적인 부(富)도 분명히 행복의 한 요소가 될 수 있다. 하지만 절대적 기준은 아니다.

다양한 행복과 경제의 관계를 연구한 그리스 아테네 대학교의 스타브로스 드라코풀로스(Stavros Drakopoulos) 교수는 '행복의 역설'을 말했다.

"더 많은 돈이 더 큰 행복을 가져다주지는 않는다."

부가 행복에 기여하는 것은 맞지만, 어느 정도 경제적인 여유가 생기면 그다음부터는 행복에 큰 영향을 미치지 않는다는 것이다.[6]

군이 매슬로(Abraham H. Maslow)의 인간 욕구 5단계 이론을 말하지 않아도 우리 주위의 많은 사람들은 일단 기본 욕구가 충족된 후에는 다른 가치들에 관심을 갖게 된다. 자유, 삶의 질, 사람 간의 신뢰나 관계와 같은 요소가 행복의 의미를 증진시킨다. 그리고 이러한 영역에서는 부가 큰 영향력을 행사하지 못한다. 돈으로 행복을 살 수는 없다. 행복은 추구하는 것이기보다는 스스로 알아차리는 발견의 과정이기 때문이다.

뿐만 아니라 부만 추구하며 살면 오히려 인생에 행복을 가져다주는 많은 것을 잃을 가능성이 있다. 돈 때문에 가족이나 친구들과 친밀한 관계를 유지하지 못하고, 돈 때문에 건강을 희생시킨다면 결국 그 부작용은 고스란히 자신에게 돌아온다. 돈은 많을지 몰라도 좋은 친구, 따뜻한 가족, 건강을 잃을 수 있다.

돈에 대해서는 어느 정도 중립적인 자세를 가져야 한다. 돈이 필요하기는 하지만, 거기에 인생의 모든 것을 걸어서는 안 된다.

그래도 현대를 살아가는 사람이 돈을 완전히 배제하고 행복을 말할 수는 없으므로 돈 문제 또한 가치력과 연계시킬 필요가 있다. 특히 돈은 어떻게 쓰느냐가 더 중요하다. 이는 곧 자신이 추구하는 가치를 올바르고 건강하게 지켜나가기 위해서 돈을 소비하는 것을 말한다.

자신의 생활방식에 맞게 건강한 음식과 신체 활동, 여행 등 삶의 질을 높이는 데 돈을 써야 한다. 좋아하는 사람을 만나고, 자신을 즐겁게 하는 취미생활을 하는 등 자신을 좀 더 밝고 건강하게 만드는 지혜로운 소비생활을 한다면 '돈의 노예'가 아닌 '돈의 주인'이 될 수 있다. 이렇게 소비해야만 돈이 자신을 행복하게 만드는 도구로서 제 역할을 한다.

'건강한 노동을 통해 돈을 벌고, 행복을 위해 소비하는 가치 있는 삶'을 추구해보자. 그러면 돈의 노예가 되지 않고, 돈에만 빠져서 주변 사람들과의 관계를 무너뜨리는 어리석음을 범하지 않는다. 무엇보다 돈이라는 유혹적인 요소 앞에서 균형을 유지함으로써 그 어떤 것에도 흔들리지 않는 단단한 마음을 가질 수 있다.

Action 1

가치력을 높이는
행복습관 실천

'나만의 공간' 만들기

　사람은 공간에 많은 영향을 받는 존재다. 물리적으로 좁은 공간에서도 불편함을 느끼지만, 여러 사람들과 지나치게 오래 함께 있어도 심신이 힘들어진다.

　물론 처음에는 사람들과 함께하는 시간이 즐겁고 유쾌하지만 사실 그것은 적지 않은 에너지가 소모되는 일이다. 이런 시간이 많아지면 스스로를 잃어버리게 되고, 또 남과 비교할 수밖에 없으며, 그 때문에 더욱 외롭고 쓸쓸해지기도 한다. '군중 속의 고독'을 느끼는 것이다.

　힐링이 될 수 있는 '나만의 공간'을 갖기를 바란다. 맹수들이 거친 야생에서 사냥을 하지만 다쳤을 때는 동굴 안에 들어가 아무것도 하지 않으면서 건강을 회복하는 것처럼 자신만의 안식처가 필요하다.

그 공간에서 마음을 차분히 가라앉히고 스스로를 돌아보며 '행복 플래너'에 하루하루의 실천을 기록하고 점검하자.

나만의 공간을 갖고 싶어 하고 나만의 세상을 누리고 싶은 욕구는 당연한 것이다. 집 안에 나만의 공간을 확보하고 쿠션 몇 개라도 가져다 놓아 아늑하게 꾸며보자. 아니, 생각을 조금만 바꾸면 북카페, 도서관, 공원의 산책길도 나만의 공간으로 바꿀 수 있다. 그런 장소를 찾는 것 역시 자신을 돌아보는 중요한 시간이다.

그 공간 안에서 꼭 무엇을 해야 한다는 의무감에 사로잡힐 필요는 없다. 자신이 어떤 감정을 느끼든 아무 상관없이 스스로를 방치하는 것도 좋다. 이를 통해 자유를 느끼고, 이 자유는 곧 상처를 회복시켜 행복으로 연결된다. 넋 놓고 휴식을 취하는 것도 좋다.

느리게 자연과 호흡하기

자연을 보고 느끼고 오감(五感)으로 즐기는 것은 우리의 생각, 정
서, 판단력 등에 많은 영향을 미친다. 앞에서 가치를 결정하는 과정
은 '두뇌'와 '마음'에서 시작된다고 했다. 자연에서 즐기고 호흡하면 두
뇌와 마음에 좋은 영향을 미쳐 가치력 향상에 도움을 준다.

새소리, 바람소리, 폭포소리 등 자연의 소리는 정서에 좋은 영향을
미치고 분노나 피로감, 적대감 등을 줄인다. 과도한 긴장과 스트레스,
정신적 고통도 완화시켜 한쪽으로 치우치지 않는 균형 잡힌 생각과
판단을 할 수 있도록 돕는다.

자연과 호흡하기는 그리 어렵지 않다. 가볍게 산책하기, 숲길 걷기,

주말 산행만으로도 충분하다. 자연은 생각보다 우리 가까이에 있다.

　여기에 하나를 더 추가하자면 '느린 여행'을 권한다. 사실 우리는 여행마저 '속도전'으로 해치우는 경우가 많다. '빨리빨리'를 좋아하는 한국인의 성향이 여행에도 영향을 미치는 듯하다. 여행의 진정한 목적을 망각한 채 '사진 찍기 미션'을 달성하려는 것처럼 보일 때도 있다. 자연을 충분히 즐기고 호흡하기 위해서는 '느린 여행'이 제격이다. 여행 코스를 염두에 두기는 하지만 반드시 다 가야 한다고 생각할 필요는 없다. 그저 마음 가는 대로 자연스럽게 자신을 풀어놓자.

TIP ▶ 여행은 함께 가는 사람도 중요하다

함께 가는 사람과 어떤 비즈니스 프로젝트를 하기 위해 떠나는 것이 아니지 않은가. 여유롭고 차분하게 마음을 나누고 정겨운 대화를 할 수 있는 사람과 함께하는 여행이 훨씬 풍요롭다.

'나만의 틈새시간' 갖기

매 순간 빠르게 흘러가는 하루에 익숙해지면 '나'라는 존재를 잃어버린다. 눈앞에 보이는 것, 당장 들리는 것에 생각을 빼앗기고 오감이 오로지 그것에만 매몰된다. 그러면 신체적·정신적 피로 누적으로 몸과 마음의 에너지가 소진될 수 있다.

바쁜 일상을 쪼개서라도 '틈새시간'을 만들어 내면의 소리에 귀를 기울여야 에너지가 재충전된다. 음악 감상하기, 독서하기, 혼자만의 공간에서 휴식하기, 차 즐기기, 10분 묵상하기, 산책하기 등은 모두 틈새시간을 활용하여 자신을 만나고 오감이 열리게 하는 행동들이다.

내 의지대로 보고 듣고 내 생각대로 느끼는 것, 다른 사람의 개입과 간섭을 배제하고 나만의 시간을 오롯이 채워갈 때 비로소 오감이 되살아난다. 이렇게 자유로워진 오감으로 소중한 자신을 만나는 순간, '내가 원하는 가치'에 더욱 집중하게 된다.

> **TIP ▶ 때로는 외로움도 사랑할 수 있어야 한다**
>
> 나를 진정으로 만나기 위해서는 외로움도 견디고 사랑할 수 있어야 한다. 혼자 있음은 결코 '쓸쓸한 시간'이 아니라 '자유의 시간'이라고 생각을 바꿔보자. 그러면 나를 만나는 길이 활짝 열린다.

다른 사람의 '좋은 습관 사례' 정리하기

　추구하고 싶은 가치가 있는데 그것을 현실화하기 힘들다면 '좋은 습관의 롤모델'을 찾아서 그들의 습관 사례를 관찰하고 정리하면서 벤치마킹해보자. 주변 사람도 좋고, 성공한 사람도 좋다. 다른 사람의 사례를 나에게 어떻게 적용시킬지 생각해보자.

　다른 사람의 좋은 습관 사례를 기록하다 보면 그들의 생각, 판단력, 삶의 기준, 정서적 상태를 간접적으로 경험하게 되어 나의 가치력 강화에 도움이 된다. 사람은 자기 자신을 이해하기 위해서라도 다른 사람의 모습을 들여다봐야 한다. 다름과 같음을 통해 자신을 인식하기 때문이다. 다른 사람의 좋은 습관 사례를 정리하는 것은 나를 파악하고, 나를 더 개선시킨다.

TIP ▶ 온라인 외에 오프라인 매체도 눈여겨보자

요즘은 대부분 온라인으로 뉴스를 소비하는 시대다. 하지만 온라인 뉴스는 '인기를 끌 만한 것' 중심으로 노출되기에 그렇지 못한 뉴스는 쉽게 접하지 못한다. 반면 신문이나 잡지에는 인물에 대한 인터뷰 기사나 심층 취재물이 많고, 그들의 소소한 삶을 소개하는 기사도 자주 나온다. 이를 통해 '좋은 습관의 롤모델'을 찾아보자.

2장

삶의 만족감과
성장을 위한 비밀,
관계력

관계력은 다른 사람과의 관계를 통해
행복을 찾아가는 힘이다.
우리는 결코 혼자서는 행복해질 수 없다.
다른 사람을 얼마나 사랑할 수 있는가,
이를 통해 얼마나 마음을 나누는가가 행복에 지대한 영향을 미친다.

관계 맺기의
아름다운 나이테

- 우리는 혼자서는 온전한 행복을 느낄 수 없다 -

사람과 사람 사이, 부부 사이, 부모와 자녀 사이, 친구 사이, 동료와 부하 사이… 이렇게 우리는 다양한 관계 속에서 존재한다. 우리는 사람에게 상처를 받기도 하지만 사람에게 위안과 용기를 얻으며 사람 덕분에 행복을 느낀다. 결국 인간관계는 삶의 행복과 사회적 성공에 있어서 중요한 역할을 한다.

그래서 평생토록 관계 맺기가 중요하다. 관계 맺기의 아름다운 나이테를 만들어가기 위해 노력한다는 것은 자신을 사랑하면서 다른 사람을 사랑한다는 것과 같다. 누군가 사랑하고 인정하고 도와주고 싶은 사람이 있다는 것은 자신에게 큰 기쁨이 된다. 더불어 자신을 인정하고 사랑하며 힘들 때 돕는 사람이 있다는 것 또한 큰 축복이다.

미시건 대학교의 교수이자 세계적인 석학인 크리스토퍼 페터슨 (Christopher Peterson)은 '긍정심리학의 아버지'로 불린다. 그는 행복은 관계에서 온다고 단호하게 말한다.

"인간은 혼자서 온전한 행복을 누릴 수 있을까요?"
"아니요."

이렇게 대답한 이유는 '사람과의 관계가 중요하기' 때문이다. 또 이런 말도 했다.

"행복을 자신의 것으로 만들기 위해서는 다른 사람을 내 인생으로 초대해야 하며, 그런 관계 속에서만 온전히 만족스럽고 풍요로운 삶을 살 수 있다."

페터슨을 비롯한 많은 심리학자들은 이렇게 조언한다.

"멋진 인생, 행복한 인생을 살고 싶다면 친구, 이웃, 동료, 가족, 배우자와의 관계를 좋게 만들어라."[7]

실제로 '관계 행복론'은 과학적인 실험에 의해서도 증명되고 있다.

하버드 대학교에서는 1938년부터 10대 남성 724명의 삶을 매년 추적해서 직업과 건강, 가정생활 실태를 조사했다. 과연 무엇이 건강하고 행복한 삶의 비결인지 알아내기 위한 연구였다. 10대 남성 724명을 크게 두 부류로 나누었는데 한 부류는 하버드 대학교 2학년생들, 또 한 부류는 보스턴의 불우 청소년들이었다. 이들은 나중에 대통령, 벽돌공, 의사 등 제각각의 직업을 갖게 되었고 개중에는 알코올 중독자, 정신분열증 환자도 나왔다. 75년 후(2013년) 조사에서는 이들 중 살아남은 사람이 60명에 불과했다.

그렇다면 하버드 대학교 연구팀이 내린 결론은 무엇이었을까? 바로 '가족, 친구, 이웃과의 관계가 좋은 사람일수록 행복하게 오래 산다'는 것이었다. 단절된 생활은 독(毒)으로 작용했으며, 불행을 부르는 것은 물론 건강과 두뇌 기능에도 부정적인 영향을 미쳤다. 특히 80대가 되어서도 행복한 사람들은 진심으로 의지할 사람이 곁에 있었으며, 기억력도 훨씬 또렷했다. 무엇보다 누군가에게 나쁜 감정을 품고 관계를 망친 사람은 행복과 건강 모두를 잃은 것으로 나타났다. 이 연구 결과는 우리의 인생에서 '관계력'이 얼마나 중요한지를 알려준다.[8]

'관계력'은 알고 지내는 사람의 수가 아니라 얼마나 소중하고 진실한 사람들이 곁에 있느냐, 그들과의 관계를 얼마나 긍정적인 방향으로 이끌어갈 수 있느냐 하는 문제다. 인간의 진정한 행복은 다른 사람과 함께할 때 이루어지고 다른 사람과의 관계는 전 인생 항로에 걸쳐 큰 영향을 미친다.

우리가 관계 속에서
행복을 느끼는 이유

– 친밀한 관계는 불행의 가장 강력한 방패다 –

이제 관계력과 관련해서 조금 더 본질적인 질문을 던져볼 시간이다.

"다른 사람과의 관계가 왜 행복에 영향을 미치는가?"

　사람 때문에 실망하고 상처받으면 두 번 다시 사람에게 기대하지 않고 무소의 뿔처럼 혼자서 씩씩하게 살아가겠다고 다짐하지만 사실 이는 불가능하다.

　왜 우리는 관계를 떠나서 살 수 없는가? 왜 관계에서 행복을 느끼는가?

　물론 경험적으로 좋은 사람과 함께 있으면 행복해진다는 것을 알지만, 왜 그런 관계가 행복을 증진시키는지 좀 생각해보자.

우선 첫 번째는 우리는 자신의 존재감을 인정받고자 하는 욕구가 강하기 때문이다. 내가 다른 사람에게 필요하고 누군가에게 도움을 줄 수 있으며, 그런 나를 인정해주는 사람이 있을 때 내면의 깊은 만족감이 충족된다. 이는 그냥 사람의 내면에 내재되어 있는 궁극적인 기본값이다. 인정 욕구는 반드시 '다른 사람'을 전제로 한다는 점에서 좋은 관계는 우리에게 행복감을 준다.

사랑하고 사랑받는 것은 사람이라는 감정적 동물을 만족시키는 행위다. 사랑받고 있다는 느낌은 기쁨과 안정감을 주고, 누군가에게 사랑을 나누어줄 때도 마찬가지의 감정이 생긴다. 남을 도울 때 행복지수가 높아진다는 연구가 있을 만큼, 다른 사람과 사랑을 주고받는 것은 행복과 떼려야 뗄 수 없는 관계다.

두 번째는 스트레스 관리 차원에서의 문제다. 일상에서 느끼는 스트레스의 80퍼센트는 관계의 갈등에서 발생한다. 주변 사람들과 좋은 관계를 유지하면 스트레스가 대폭 줄고 자연스럽게 행복감을 느낄 수밖에 없다.

무인도에서 홀로 잘 살면서도 로빈슨 크루소가 끝끝내 부족함을 느낀 것은 다른 사람과 소통할 수 없다는 점이었다. 소통하지 못할 때 느끼는 외로움과 단절감은 행복을 가로막는 큰 장애물이다.

마지막으로 정서적인 친밀감이 주는 '회복탄력성' 때문이다. 오랫동안 인간의 '삶의 질'을 연구해온 호주 디킨 대학교의 경제학과 로버트 커민스(Robert Cummins) 교수는 이렇게 말했다.

"정서적으로 친밀한 관계는 불행의 가장 강력한 방패다. 안정적인 인간관계는 어떤 과학적인 요법보다 효과적이고, 인류 역사만큼이나 오래된 불행의 치료제다."[9]

사람은 기본적으로 '정서적 친밀감'이 충족되어야 행복한 존재라는 의미다. 정서적 친밀감을 가진 관계가 많을수록 역경의 순간에도 굴하지 않는 회복탄력성이 높아져 행복으로 다가가는 힘이 강해진다.

좋은 일은 함께 기뻐하고, 나쁜 일은 서로 나누며 위로해줄 친구가 있다면 마음의 근력이 단단해지고 어려움을 뚫고 나가는 힘이 생긴다. 우리나라 속담에도 있듯이, 혼자만의 생각에 빠져 고립되어 있는 것보다 나누면 기쁨은 커지고 고통은 반으로 줄어든다.

결국 '관계가 어떻게 행복을 주는가?'는 우리의 본성과 연관되어 있다. 사람은 존재감의 차원, 사랑의 차원, 친밀감의 차원 등에서 본능적으로 다른 사람을 통해 행복을 얻는 존재다. '우리의 행복은 관계에 달려 있다'고 할 수 있다.

인생 동반자 관계와
친밀함의 5단계

- 관계의 본질에 집중해야 한다 -

인간관계는 '의미 있는 인생의 동반자'라는 측면에서 4가지 유형으로 분류할 수 있다(Schmidt & Sermat의 인간관계 영역). 각각의 관계를 살펴보는 것은 현재 내가 어떤 관계를 맺고 있으며, 그들과 무엇을 주고받아야 하는지를 파악하는 데 도움이 된다.

첫 번째 유형은 '가족 동반자'로 부부, 부모자녀, 형제자매 관계다. 모든 관계의 기본으로 그들 안에서 지친 마음을 편히 쉴 수 있다. 무언가를 잘못하더라도 내 편이 되어주는 가족의 존재는 개인의 행복지수에 절대적인 영향을 미친다.

두 번째 유형은 '낭만적 동반자', 즉 애인이다. 상대방에게 설레는 마음을 느끼며 뜨겁게 사랑을 나눌 수 있는 관계다. 인간은 누구나 낭만적 사랑에 대한 욕구와 성적인 욕구를 지니고 있다. 사랑이 깊어지면 결혼을 하게 되고 배우자가 낭만적인 동반자가 된다.

세 번째 유형은 '사회적 동반자'로 우정을 느끼고 서로 도움을 주고받는 친구관계다. 혈연관계가 아님에도 서로에게 호감을 느끼며 인생의 중요한 동반자가 될 수 있다. 함께 있음으로써 휴식과 재충전이 되는 관계이기도 하다.

네 번째 유형은 '직업적 동반자'로 직장 동료, 상사, 후배 등을 말한다. 이 관계는 공동의 목표와 이익을 위해 함께 일하고, 어려움도 같이 헤쳐 나간다. 실제로 인생에서 가장 많은 시간을 보내는 사람들이기도 하다. 서로 협력과 지원을 하며 직업적 성취감을 공유한다.

이 4가지 유형의 동반자 관계에 문제가 생기면 우리는 불행을 느낀다. 그렇기에 4가지 유형의 동반자 관계에서 균형을 이루려고 노력해야 한다. 물론 쉽지 않다. 가족이라고 해서 전부 서로를 믿고 의지하지는 않으며, 애인이라고 해서 항상 관계가 좋을 수만은 없다.

그래서 늘 관계의 본질에 집중해야 한다. 가족이라면 배려와 지원을 아끼지 말아야 하고, 애인이라면 당연히 설렘과 사랑을 잃지 않도록 노력한다. 직업적 동반자라면 '어떻게 협력하고 성과를 나눌지'를 생각하고, 사회적 동반자라면 '친구관계'라는 본질에 비추어 어떤 관계를 맺을지 설정하고 그것에 충실해야 한다. 본질에 집중할 때 그 관계는 더 풍성한 꽃을 피운다.

인생의 4가지 동반자 유형은 또다시 인간관계의 심화도에 따라, 즉 사람 사이에 맺을 수 있는 관계의 '깊이와 정도'에 따라서 구분할 수 있다.

존 포웰(John Powell) 신부가 이를 5단계로 분류하며, 사람들이 더욱 친밀한 관계를 맺도록 기준을 제시했다.[10]

1단계는 '상투적이고 기초적인 단계'로 그냥 인사만 하고 스쳐 지나가는 사이다. 이름과 얼굴 정도만 겨우 알 뿐 깊은 대화는 전혀 해보지 않은 관계다.

2단계는 '사실과 보고의 단계'로 객관적인 사실에 대해 서로 대화를 나누고, 필요할 때 보고를 하기도 한다. 농담이나 잡담도 할 수 있지만, 그 이상 더 깊게 들어가지 않는 관계다.

3단계는 '의견과 판단의 단계'로 자신의 생각이나 사고, 가치관 등에 대해 대화를 나눌 수 있다. 상대방에 대해 최소한의 믿음 정도는 있는 상태로 그렇지 않다면 자신의 의견과 판단을 잘 드러내지 않는 것이 일반적이기 때문이다.

4단계는 '감정과 직관의 단계'로 이때부터 드디어 '감정'이 등장한다. 이 단계에서는 서로의 느낌이나 기분을 나누고 가슴으로 대화한다. 진솔한 가족관계이거나 '상대방이 나의 연인'이라는 확신이 선 관계다.

5단계는 '최고로 친밀한 단계'로 말 그대로 가장 가까운 사이다. '이심전심', '영혼의 교감'이 이 단계에서 이루어진다.

모든 인간관계는 1단계에서 시작되어 사람에 따라 3단계에서 멈추거나 4단계까지 진행될 수 있다. 마지막 5단계까지 갈 수 있는 사람은 인생에서 몇 되지 않는다. 심지어 부부 사이라도 이 단계에 이르지 못할 수 있는데, 살면서 이런 관계의 사람 한두 명만 있어도 큰 성공이다.

인간관계 5단계를 가만히 살펴보면 더 좋은 인간관계를 만들기 위해 해야 할 일, 혹은 주변 사람을 자신의 곁에 머물게 하기 위해 필요한 일이 무엇인지 알 수 있다. 그것은 깊은 생각을 나누고, 감정을 나누고, 결국에는 서로 교감하면서 하나가 되는 것이다.

물론 자신이 관계의 발전을 원한다고 해서 상대방도 같은 마음이라고 기대할 수는 없다. 관계는 언제나 상호적이다. 그러나 여기서 돌아보아야 할 것은 자기 자신이다. 이기적이거나 지나치게 마음을 닫고 살지는 않았는가 반추해보자. 자신의 마음부터 열어야 상대방이 다가올 수 있기 때문이다.

마음의 문을 열어 관계력을 높인 사람을 소개한다. 대기업 간부와

중소기업 CEO를 거쳐 담양 소쇄원의 전남교육연수원 길가에서 푸드트럭 카페를 운영하고 있는 설광태 사장님이다. 그의 하루는 말 그대로 '친절에 온 힘을 쏟는 생활'이라고 해도 과언이 아니다. 카페 앞을 지나가는 사람들에게 반갑게 인사하는 것은 물론 마을의 어르신 공경에도 앞장서 음료와 사탕 나눔 행사를 한다. 혹한기나 혹서기에 힘들게 일하는 분들에게는 무료로 음료를 나눠주기도 한다.

친절이 행운을 불러온 걸까? 그의 작은 푸드트럭 카페는 점점 발전해 'Coffee Star'라는 테이크아웃 점포로 성장했고, 수많은 고객이 그의 친절에 감동해 가게를 다시 찾는다.

더 좋은 관계 형성을 위해 마음의 문을 열어두는 것, 그리고 영혼의 교감까지 나눌 수 있도록 충분한 준비를 하는 것이 우리의 관계력을 높인다.

마음 성장으로
관계력 높이기

– 나를 사랑하고 건강한 자존감을 키우자 –

관계력에서 가장 중요하게 생각해야 할 것이 '마음 성장'이다. 마음 성장은 '자기 자신 사랑하기'에서 시작된다. 자신을 사랑해야 다른 사람과 좋은 관계를 유지하고 이를 통해 건강한 자존감이 커진다.

코칭 수업을 계기로 만나 지금은 절친이 된 조 원장의 이야기가 긍정적인 자기애로 마음 성장을 이룬 좋은 사례라 소개한다. 그녀는 유아교육 현장에서 20년 이상 경력을 쌓은 베테랑이다. 평소 묵묵히, 열정적으로 일했으나 원생의 감소로 어쩔 수 없이 원의 경영을 내려놓아야 했다. 이 이야기를 하던 그녀의 맑은 눈이 슬퍼 보였다. 그럴 만도

했다. 그동안 유아교육에 모든 걸 쏟았는데 한순간에 정리한다는 것은 분명 어려운 결정이었을 것이다.

나는 그녀에게 정서적 안정과 자존감 향상을 위해 1년 동안 100권의 책읽기 과제를 아래의 방법으로 내주었다.

첫째, 그냥 읽는다.
둘째, 책을 읽을 때마다 공감하는 부분에 밑줄을 그어가며 흔적을 남긴다.
셋째, 나에게 그 책을 보낸다.

이 과제는 심리적 성장 코칭 과정의 일부였다. 나는 책읽기의 힘을 잘 안다. 마음이 복잡할 때 독서를 하면 의외로 평온해진다. 이를 통해 자신과의 관계는 물론이고 다른 사람과의 관계도 유연하게 만들 수 있다.

조 원장은 꾸준히 100권의 책을 읽었고, 그 책들을 내게 보냈다. 나는 그녀가 보내온 책을 읽으며 그녀가 밑줄 그었던 곳에 공감하며 정서적 공명을 나누었다. 1년이 되는 시점, 그녀는 100권째 책과 함께 감사의 편지, 장미꽃 바구니, 찰밥에 맛있는 반찬을 담은 도시락을 들고 왔다. 편지와 꽃바구니를 받고 도시락을 나눠 먹었던 그 순간은 지금까지 영화의 한 장면처럼 뭉클하게 가슴속에 남아 있다.

나 역시 그녀의 '1년 100권 책읽기'를 마무리한 기념으로 선물을 준비했다. 책값에 택배비, 책읽기까지 약속을 지키기 위한 그녀의 모든 수고로움이 고마웠기 때문이다. 예쁜 상자에 선물을 담아 축하편지와 함께 전달했다. 서로 약속이나 한 듯 진심이 담긴 선물을 주고받으며 우리는 울컥하는 감동을 함께 경험했다.

그녀는 가장 힘들 때 열심히 공부를 한 멋진 실천가다. 책읽기를 통해 자신을 더 사랑하고 마음의 성장을 이어간 그녀의 인생 2막은 크게 비상할 것이다. 현재 본인이 원하는 분야에서, 상주시 다함께돌봄센터장으로 다시 열중하고 있는 그녀를 응원한다.

미국의 심리치료사 테런스 리얼(Terrance Real)은 이렇게 말했다.

"건강한 자존감은 일차적으로 인간의 내면에서 나온다. 그것은 스스로 부족하다고 느낄 때조차 자기 자신이 무엇을 소유하고 무엇을 할 수 있느냐에 따라 판단하지 않고 인격체 그 자체로서 존중하는 능력이다."[11]

'판단과 계산'에 앞서 존재 그 자체를 인정하자. 그러면 우리는 다른 사람의 칭찬이나 비판에 휘둘리지 않고 굳건한 자기애를 만들어갈 수 있다. 물론 자기애가 별로 없는 사람들은 반문할 수도 있다.

"나는 별로 인정할 만한 것도, 존중할 만한 것도 없는데 어떻게 그 자체로 인정할 수 있나요?"

일단 나를 먼저 인정하고 받아들여야 존중할 것이 보인다. 그래야 남들은 보지 못하는 자신만의 가치를 찾을 수 있다. 자녀를 바라볼 때도 마찬가지다. '아무런 능력도 없는 아이'라고 생각하면 아이가 하는 모든 행동이 무가치하고 의미 없어 보인다. 하지만 '그 자체로 소중한 아이'라는 관점으로 다시 바라보면 그때부터 그 아이가 가진 소중한 가치들이 눈에 들어오기 시작한다.

자기 자신에 대해서도 마찬가지다. 스스로 쓸모없는 인간이라고 단정 지으면 존중할 만한 요소들이 전혀 보이지 않고 찾을 수도 없다. 관념이 현상을 결정짓는다.

나이가 들수록 스스로 존중하는 자세를 갖도록 더욱 힘써야 한다. 일반적으로 나이가 들면 적지 않은 사람들이 무력감과 공허함을 느낀다. 자녀가 성장해서 곁을 떠나고 경제적인 능력이 줄면서 물질적·인간적 상실감까지 겪는다. 사회적으로 고립되면서 스스로 방치되는 느낌을 가질 수밖에 없다. 이는 자기애에 치명적인 악영향을 미친다.

소르본 대학교 클라우디아 세닉(Claudia Senik) 교수는 이렇게 말했다.

"나에게 집중해야 한다. 행복의 가장 못된 적은 다른 사람과 비교하는 것이다."

다른 사람이 성공하기까지 기울인 모든 고통과 노력은 외면한 채,

화려한 성과만을 바라보면 남는 것은 부러움뿐이다. 그러면 마음이 불편해지고 무의식적으로 '나는 왜 이것밖에 안 되지?'라는 실망감이 들게 마련이다. 이런 말이 있다.[12]

"야망은 의욕을 갖게 하고 의욕은 행복을 부르지만, 질투나 부러움은 불행으로 이끈다."

이제 우리는 시시때때로 자신을 다른 사람과 비교하는 일을 멈춰야 한다. 자신에게 집중하다 보면 조금씩 발전해나가는 자신의 모습을 발견할 수 있으며, 어느 순간부터 그런 자신을 사랑하게 된다. 질투, 선망, 부러움을 버리는 순간, 우리는 '자기애'라는 새로운 행복의 출발선에 설 수 있다.

다른 사람을
사랑하는 법

— 어둠 속의 됨됨이를 바로 세우자 —

나를 사랑하는 노력은 '다른 사람을 사랑하려는 노력'과 함께해야 한다. 물론 우리는 자신과 관계를 맺은 사람과 사이가 좋기를, 나아가 서로의 발전을 아낌없이 축하해주는 아름다운 사이가 되기를 바란다. 그런데 이것은 말처럼, 생각만큼 쉬운 일이 아니다.

아무리 친한 친구 사이라도 티격태격하기 일쑤이고, 사랑하는 연인 사이라도 다투는 것이 일상다반사다. 부모나 형제, 친척과의 관계 역시 말할 것도 없다. 오죽하면 사촌이 땅을 사면 배가 아프다는 속담까지 생겨났을까. 어릴 때뿐 아니라 어른이 되어서도 이런 일은 자주 일어난다.

물론 머릿속으로는 상대방을 배려하고 이해하고 역지사지의 입장이 되어 먼저 손을 내밀어야 한다는 등 어떻게 생각하고 행동해야 하는지 너무도 잘 안다. 그러나 현실적으로 실천하기가 결코 쉽지 않다.

이럴 때 필요한 것이 바로 '인격을 바로 세우는 일'이다. 참신한 방법은 아니지만, 관계 개선에 있어서는 좀 더 특별한 방법이 될 수 있다.

인격은 몇 가지 의미를 가진다. 원론적인 측면에서 인격은 인간에게 '비교적 일관되게 나타나는 성격과 그에 따른 행동 경향'을 말하며, 또 한편으로는 한 사람이 지닌 고매함이나 다른 사람이 존중할 만한 품성을 의미한다.

지금 우리에게 중요한 것은 D. L. 무디(Dwight Lyman Moody)가 말한 인격의 또 다른 의미 '어둠 속의 사람 됨됨이'다. 여기에서 '어둠 속'은 자신을 바라보는 사람이 없는 상태를 말한다. 원래 사람은 외부의 시선을 의식하면 행동이 크게 달라진다. 그런데 다른 사람의 시선이 전혀 미치지 않을 때조차 한결같이 좋은 품성을 유지하는 것을 '어둠 속의 사람 됨됨이가 좋다'고 한다.[13]

이를 정확하게 표현하는 한자가 있다. 조선시대 퇴계 선생과 율곡 선생이 강조했던 '신독(愼獨)'이다. 홀로 있을 때도 도리에 어긋나는 일을 하지 않는다는 얘기다. 흔히 말하는 '법 없이도 살 사람'을 이른다.

'어둠 속의 사람 됨됨이'가 좋은 사람은 정직하고 성실하여 진실한 관계를 맺는 힘을 가지고 있다. 상대방에게 얻을 것이 있다고 잘하지 않고, 상황이 어렵다고 내치지도 않아서 언제나 한결같은 관계를 유지한다. 이런 사람은 심지가 깊고 유연하며 수용성이 강하다. 상대방이 기분 나쁜 말을 하거나 이기적인 행동을 하더라도 너그러이 이해하고 받아들인다. 자신 역시 이기적인 마음과 행동이 존재한다는 것을 인정하기 때문이다.

관계력을 향상시키기 위해서는 신념과 의지를 가지고 '어둠 속의 사람 됨됨이'를 바르게 갖춰나가기 위한 노력을 해야 한다. 그래야 쉽게 흔들리지 않는 관계를 맺을 수 있고, 상대방의 잘못에도 부드럽게 대응해 좋은 관계를 유지한다.

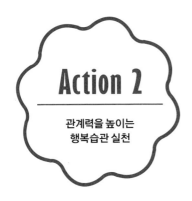

Action 2

관계력을 높이는
행복습관 실천

'가족 달력' 만들기와 '가족 사랑일기' 쓰기

가족 간의 관계력 향상을 위해 실천하면 좋은 습관이 '가족 달력' 만들기와 '가족 사랑일기' 쓰기다. 자신의 마음을 표현하는 데 익숙하지 못한 우리나라 사람들은 가족에게 고마운 일이 있어도, 가족의 소중함을 알고 있어도 잘 드러내지 못한다. '굳이 말하지 않아도 알겠지'라고 생각하지만 정작 가족은 그 마음을 전혀 몰라 서운해하는 경우가 있다. 가족에게도 구체적으로 사랑을 표현해야 한다.

'가족 달력' 만들기는 간단하다. 거실이나 주방 등 모두가 볼 수 있는 곳에 달력을 걸어두고 함께한 시간을 기록한다. 모두가 함께 채워가고 확인할 수 있는 가족 달력은 '사랑의 시간표'라고도 할 수 있다. 이를 활용하면 가까운 곳으로의 산책, 맛집 탐방, 영화 보기, 여행,

요리하기 등 특별한 추억을 차곡차곡 쌓아나갈 수 있다. 지난달과 비교해 이번 달에 함께한 시간이 적었다면 좀 더 신경을 써서 늘리는 것도 가족 달력 기록하기의 효과다.

'가족 사랑일기'는 가족들이 돌아가면서 서로에게 느낀 미안함, 감사함, 서운함 등을 쓰는 것이다. 가족에 대한 감정을 솔직히 적으면 서로의 마음을 알 수 있고, 무엇을 해야 할지 깨닫는다. 가족 사랑일기 쓰기에는 정해진 방법이 없다. 다양한 매체를 이용해 매일 가족 모두가 조금씩 써도 되고, 한 사람씩 돌아가면서 써도 된다.

TIP ▶ 솔선수범이 중요하다

낯선 것에 익숙해지려면 적응 기간이 필요하다. 가족 달력이나 가족 사랑일기 역시 무작정 쓰라고 강요하지 말고 자신부터 솔선수범을 해 서서히 가족의 참여를 이끌어내야 한다. 강요는 오히려 흥미를 떨어뜨린다.

'친구관계망' 그리기

　가족에 이어 또 하나 중요한 인생의 동반자가 친구다. 더 나은 친구 관계를 만들기 위해 '친구관계망'을 그려보자. 친구관계를 그림이나 도표로 그려본 사람은 그리 많지 않을 것이다. 하지만 한번 그려보면 자신의 친구관계를 분명히 파악할 수 있다. 친구가 얼마나 많은지, 평소 어떻게 친구를 대하는지, 또 친구들은 나를 어떻게 생각하는지도 유추해볼 수 있다. 진심으로 마음을 주고받는 친구가 없다면 친구 만들기에 힘을 쏟아야 하고, 소중한 친구가 있다면 관계를 더욱 돈독하게 이어가도록 노력해야 한다.

　나 또한 친구관계망을 그리면서 내 인생까지 돌아보는 시간과 마주했다. 이렇게 인간관계를 정리해보면 마음의 여유가 생기고 주위의 아름다운 벗들에 대한 감사함도 깊어진다.

TIP ▶ 친구의 '친구관계망' 그리기

나의 관계망에서 한 걸음 더 나아가 친구 입장에서도 관계망을 그려보자. 친구에게 나는 어떤 존재인지, 어느 정도의 친밀감을 느낄지 생각해보는 것이다. 좀 더 객관적인 입장에서 친구관계를 다시 바라볼 기회가 된다.

다른 사람을 위한 '작은 소비'와 '친절하기'

　관계력 향상을 위해 내가 일상적으로 실천하는 것이 다른 사람을 위한 '작은 소비'다. 자신을 위해 쓰는 돈은 아끼지 않지만, 다른 사람에게는 인색한 사람들이 많다. 특히 요즘에는 친구 사이에도 더치페이가 일상화되어 있다. 물론 돈 때문에 관계가 훼손되지 않으려면 이것도 좋은 방법일 수 있다. 그런데 가끔은 내가 아닌 다른 사람을 위해 소비를 하면 상대방에 대한 관심과 애정을 더 키울 수 있다. 누군가를 위해 돈을 쓴다는 것은 나에게도 그에게도 소중한 경험이다.

　작은 소비가 물질적인 영역이라면, 마음의 영역에서는 '친절하기'를 권한다. 친절은 다른 사람만 기분 좋게 하는 것이 아니라 자신도 기분 좋게 하고 나아가 행운을 부른다.

TIP ▶ 다른 사람과 함께하는 법

다른 사람을 위한 소비에 꼭 많은 돈을 써야 하는 건 아니다. 그저 커피 한 잔, 책 한 권, 작은 선물로도 충분하다. 서로 부담스럽지 않은 소소한 베풂이 우리의 일상을 더욱 행복하게 만든다.

또 다른 사람에게 어떤 말이나 행동, 부탁을 할 경우 한 번쯤은 '나라면 어떨까' 생각해보자. 뭔가 불편한 마음이 든다면 다른 사람도 같은 마음이라고 생각하면 된다. 이것이 바로 관계의 황금률을 잘 실천하는 방법이다.

'지금, 여기'에서
행복을 느끼게 하는 원리,
감사력

감사력은 지극히 사소한 것에도 감사하는 마음을 갖는 것,
그리고 이를 통해 자신에게 주어진 현실을
긍정적으로 바라보는 힘이다.
감사하는 마음을 가질 때 우리는 불평불만을 그만두고
'지금, 여기'에서 행복한 삶을 시작할 수 있다.

인생의 본질에
충실하기 위한 태도

– 감사력은 삶을 지켜주는 안전장치다 –

'감사력'은 일상에서 행복을 만들어내는 가장 빠르고 확실한 방법이다. 실제로 우리는 살면서 누군가에게 생각지 못한 호의를 입었거나, 예상치 못한 좋은 일이 생겼을 때 감사한다. 그러나 '감사력'은 감사할 만한 특별한 일에만 감사의 마음을 갖는 것이 아니다. 지금 내가 살아가는 모습 그 자체, 지극히 사소한 것에도 감사하는 능력을 의미한다.

아침에 눈을 떴을 때, 한 끼 식사를 마쳤을 때, 오늘 하루도 별일 없이 무탈하게 지나간 것을 진심으로 감사하다고 느꼈다면 당신은 '감사력'을 지닌 사람이다. 이렇게 작은 것 하나라도 소중히 여기는 자세에서 삶의 변화가 시작된다.

감사력이 중요한 것은 삶에서 감사를 일상화할 때 얻는 풍요로움이 많기 때문이다. 반대로 감사가 아닌 불만족과 결핍의 태도로 하루를 살아간다고 해보자.

"나는 왜 이렇게 부족한 것이 많을까."
"나에게 왜 하필 이런 일이 일어날까."

이러한 마음이 계속되면 삶이 힘들어진다.

지금 나에게 주어진 것에 감사하면 불안에서 벗어날 수 있고, 경쟁에서도 비껴날 수 있다. 만족감이라는 차원에서의 감사는 '지금, 여기'에서 행복을 느끼도록 만들어준다.

감사는 인간이 느끼는 감정 단계에서 가장 높은 수준에 속한다. 평온하고 안락한 마음, 현재 자신이 가진 것에 대한 최고의 만족감이 감사를 만들어내기 때문이다.

이는 인간을 인간답게 만드는 선(善)한 행위라고 할 수도 있다. 감사하지 못하는 사람의 마음은 끊임없는 탐욕으로 어지럽다. 물론 때로는 욕심이 사람을 움직이는 동력이 되기도 하지만 심할 경우에는 삶을 피폐하게 만든다. 우리 마음속에 있는 부정적인 마음은 단단히 똬리를 틀고 있어 쉽사리 사라지지 않기 때문이다.

사람의 마음에는 '항상성'이 있어서 현재의 상태를 계속 유지하고 싶어 한다. 따라서 한번 우리 마음에 자리 잡은 부정적인 감정을 없애는 것은 그리 쉽지 않다.

감사는 부정적인 감정을 없애고 현재의 나를 세상에서 가장 행복한 부자로 만들어준다. 감사는 단순한 자기계발의 도구가 아닌, 하루하루를 멋지게 살아가게 하는 원동력이다.

감사력을 갖추면 '즐겁게 놀기, 마음껏 행복하기'라는 인생 본연의 목적에 충실할 수 있다. 현재에 감사하면 주변의 모든 것을 '있는 그대로' 받아들인다. 불평불만을 표출하거나 원망할 필요가 없다. 감사력은 인생의 불필요한 것에 시간과 열정을 낭비하지 않게 한다. 지금 있는 그대로의 현실에 감사하며 인생을 즐기고 행복하게 한다.

감사력이 부족하면 늘 주어진 현실에서 문제점을 지적하고 불평거리만 찾아내므로 인생을 온전히 즐기기가 어렵다. 파티에 초대받은 사람이 음식과 분위기를 탓해봐야 무슨 소용이 있겠는가? 있는 그대로의 현실에 감사하며 즐기는 것이 우리가 할 수 있는 최선이라는 점을 받아들이자.

감사력을 높이기 위해서는 스스로 자기 자신을 칭찬하는 것도 중요하다.

"괜찮아. 이 정도만 해도 훌륭해."
"앞으로 열심히 해서 더 나아지면 되잖아."
"이 정도까지만 해도 정말 잘했어."

이렇게 스스로를 위로하고 타이르고 다독이는 습관은 불만족스런 현실에 직면했을 때 감사력을 한층 높인다. 마음에 안정감을 주고 평화를 선물한다.

감사력을 좀 더 갖추기 위해서는 매 순간 '행복해야지'라는 생각이 강박이 되어서도 안 된다. 행복은 여러 가지 상황의 결과로서 오는 것일 뿐 맹목적으로 추구한다고 충족되는 것은 아니기 때문이다.

경영의 신으로 추앙받는 마쓰시타 고노스케는 이렇게 말했다.

"감옥과 수도원의 공통점은 세상과 고립되어 있다는 점이다. 차이는 불평을 하느냐 감사를 하느냐뿐이다. 감옥이라도 감사를 하면 수도원이 될 수 있다."

감사하는 마음이 가득하면 불평불만할 일이 없어서 마음이 안정된다. 마음이 안정된 사람은 괜한 문제를 일으키지 않고, 스트레스가 없으니 주변 사람들과 다투지 않는다. 그러니 자연스레 굴곡 없는 삶을 살아갈 가능성이 높아진다.

일상의 많은 문제가 결국 '내 마음'에서 비롯된다는 점에서 감사력은 삶을 보호하고 지켜주는 안전장치가 된다.

행복을 주는
자신만의 필터 장착하기

– 만족할 줄 아는 지혜가 중요하다 –

삶은 도전과 응전의 연속이다. 아무리 좋은 환경에 있더라도 불행한 일은 누구에게나 일어날 수 있으며, 반대로 아무리 열악한 환경에 처하더라도 행복을 느낄 수 있다. 물질적으로는 가난한 부탄 사람들이 세계 최고의 행복지수를 보이는 것도 이런 이유다. 우리의 삶에서도 불행한 일은 계속 일어날 수 있지만 불행한 일을 불행하지 않게 받아들이게 하는 것이 감사력이다.

레바논에 있는 아메리칸 대학교 심리학과 후다 아브도(Huda Abdo) 부교수는 레바논 국민을 대상으로 다양한 심리 연구를 했다. 그의 연구가 주목받는 이유는 레바논이 정치적으로 매우 불안정할 뿐만 아니라 하루가 멀다 하고 폭력시위와 분쟁이 일어나는 나라이기 때문이다. 한마디로 '불행한 국가'라고 볼 수 있다. 이런 환경에서 '행복'에 대해 연구하는 후다 아브도 부교수는 이렇게 결론 내렸다.

"행복에 대해서는 내면적 기제가 외부 조건보다 더 중요하다."[14]

그에 따르면, '아무리 불안정한 상황에 처하더라도 강한 내면을 가지고 마음을 다스리면 부정적인 영향을 최소화할 수 있다'고 한다. 뿐만 아니라 '자신만의 필터'를 마련해 부정적인 감정을 걸러내면 긍정적인 정서를 이끌어내는 데 도움이 되고, 이것이 행복을 가져온다고 한다. 세상의 많은 스트레스는 외부 환경이 아닌 자신의 관점에서 만들어진다. 모든 일을 어떻게 해석하느냐가 그것에 대한 인식을 결정하기 때문이다. 이것은 일종의 '필터' 역할을 한다.

어떤 필터를 가졌느냐에 따라 무엇을 걸러낼 수 있는지가 결정된다. 예를 들어 누군가와 겪는 갈등이 어떤 이에게는 스트레스일 수 있지만, 다른 이에게는 다른 사람을 알아가는 하나의 과정이기도 하다. 나에 대한 조언을 어떤 이는 '간섭'으로 받아들이지만, 또 다른 이는 '도움'으로 여기기도 한다.

이처럼 관점을 바꾸면 세상의 많은 문제들이 부정에서 긍정으로 바뀐다.

후다 아브도 부교수가 말하는 자신만의 필터가 바로 '감사력'이다. 불순물이 섞인 물을 필터로 거르면 깨끗한 물을 얻을 수 있듯이, 불행한 일이 계속해서 생긴다면 불행 속에 담긴 부정적인 정서와 생각을 걸러내야 한다. 감사력 필터는 상황을 좀 더 객관적으로 보게 하고 마음을 안정시켜준다. 설사 좋지 않은 일이 생겼더라도 그 안에서 새로운 기회를 찾아낼 수 있으며, 남들보다 뒤처지더라도 다시 동기 부여할 계기로 삼을 수도 있다.

한번 생각해보자. 청년과 중년 중 어떤 세대가 더 행복할까? 나이만으로 따지면 젊고 건강한 청년들이 더 행복할 것 같지만 실제 연구 결과는 정반대였다.

미국 브랜다이스 대학교 심리학과 마지 라크만(Margie E. Lachman) 교수는 오랫동안 중년의 삶을 연구해왔다. 그는 '세대별로 무엇에 행복을 느끼고 어떤 때가 즐거운지'를 조사해 '중년이 청년보다 행복하다'는 결론을 내렸다. 이로써 나이가 들면 행복감이 줄어들 것이라는 일반적인 상식을 뒤집었다. 그는 이렇게 말했다.

"무엇에서 행복을 얻는지는 사람에 따라 다르다. 또 행복이라는 감정 자체가 매우 일시적이다."[15]

한번 행복한 감정을 느꼈다고 해서 그것이 계속되지는 않기에 지속적인 행복을 느끼기 위해서는 늘 삶의 긍정적인 면을 바라보려 노력해야 한다.

　중요한 것은 중년층 이상의 사람들은 '만족하는 법'을 알고 있다는 점이다. 젊은 시절에는 야심과 욕망으로 무한발전을 꿈꾸고, 이루고 싶은 것도 많지만 그로 인해 좌절하고, 그때마다 우울한 감정을 느꼈다. 그러나 나이가 들어가면서 자신의 힘으로 할 수 있는 것과 그렇지 못한 것을 구분하고, 그 결과 '만족이라는 지혜'를 터득한다. 이것이 인생에 행복을 가져온다.

　'나이가 들어서 만족할 줄 안다'는 것이 결코 자포자기에 익숙해짐을 의미하지 않는다. 오히려 '내 인생에는 한계가 있지만, 그 영역 안에 새로운 잠재력도 있다'고 믿는 것을 말한다. 실제로 중년 이상의 사람들은 젊을 때부터 해오던 자신의 일에 보다 전문성을 더함으로써 더 높은 가능성을 추구하는 경우가 많다.

　앞에서도 말했듯이, 감사력은 감사할 만한 일에 감사하는 것이 아니다. 도저히 감사할 수 없는 불행한 일에도 감사하고 이를 통해 부정도 긍정으로 바꾸는 새로운 시각을 가질 수 있도록 해준다. 결국 감사력이 높은 사람일수록 만족할 줄 아는 지혜를 얻고, 행복에 더 가까이 다가간다.

첫 번째 도전,
감사일기 쓰기

- 자신이 받은 축복을 써본다 -

일상에서 감사력을 키우기 위해서는 작고 소소한 것에서부터 감사하는 습관을 들여야 한다. 아직은 부족하고 원하는 것이 다 이뤄지지 않았다고 해서 현재의 모습에 감사하지 않을 이유는 없다. 불평하기보다 현재의 상황에 감사하면 마음의 평안이 찾아오고, 즐거움을 느낄수 있다.

감사력을 높이는 쉽고 빠른 방법은 매일 하루를 마감하며 '감사일기'를 쓰는 것이다. 앞에서도 말했듯이 감사야말로 행복을 가장 빠르게 느끼도록 하는 최고의 방법이기 때문이다.

미국의 유명 시사 주간지 〈타임〉에서 우울증을 앓는 사람들을 대상으로 '매일 감사할 것을 찾아 일기로 쓰라'고 한 후 우울증 수치가 어떻게 변하는지를 확인했다.

50명이 참여한 이 실험에서 감사일기를 쓰기 전에 '극단적 우울증'을 앓던 사람들이 겨우 일주일간 감사일기를 쓴 후 '경미한 우울 증상'으로 상태가 호전되었다. 이는 약물치료보다 더욱 강한 효과다.

특정한 형식은 없다. 하루를 마감하면서 그저 짧은 일기 형식으로 쓰면 된다. 잠자기 전에 10분만 투자해도 충분하다.

미국의 유명 방송인 오프라 윈프리(Oprah Gail Winfrey)는 감사일기로 삶을 더 긍정적으로 변화시킨 것으로도 유명하다. 그가 쓴 감사일기의 일부를 보자.[16]

오늘도 거뜬하게 잠자리에서 일어날 수 있어서 감사합니다.
유난히 눈부시고 파란 하늘을 보게 해주셔서 감사합니다.
점심 때 맛있는 스파게티를 먹게 해주셔서 감사합니다.
얄미운 동료에게 화내지 않은 제 참을성에 감사합니다.
좋은 책을 읽었는데, 그 책을 써준 저자께 감사합니다.

점심 한 끼, 파란 하늘도 감사의 대상이 된다. 자신의 일상에서 작고 사소하더라도 감사한 일이 있다면 감사일기의 소재가 될 수 있다.

감사일기는 자신이 받은 축복을 써보는 것과 같다. 우리는 늘 가진 것이 적다고 불평하지만 어떤 날에는 손가락 발가락 10개가 온전한 것도 큰 축복으로 여겨진다. 내가 받은 축복을 써보면 긍정의 기운을 불어넣을 수 있다.

나는 여러분에게 '174 행복습관 프로젝트'의 첫 번째 실천 방안으로 '감사일기' 쓰기를 권하고 싶다.

하루(1일) 감사일기 3줄 쓰기
일주일(7일) 꾸준히 써보기
한 달(4주) 유지해보는 174 감사일기 쓰기

내가 2006년부터 현재까지 감사일기를 쓰면서 얻은 가장 큰 변화는 불만족과 열등의식에서 자유로워졌다는 것이다. 나의 장점과 단점을 온전히 받아들일 수 있었다. 나와 전혀 다른 남편에 대해서도 섭섭함보다는 고마움이 커졌다. 우리 아이들이 본인들의 의지와 선택에 상관없이 그냥 내 품에 왔던 것처럼 부모로서 이유 없이, 조건 없이 아이들의 존재만으로도 감사하고 사랑하는 게 옳았다. 이제 일상의 모든 일을 감사렌즈를 끼고 바라보는 게 습관이 되었고, 어느새 감사일기를 쓰는 사람들과 함께 공동체의 즐거움도 나누게 되었다.

인생을 살면서 많고 적음이 중요한 게 아니라는 깨달음, 감사일기를 써본 사람만이 느끼는 전율이다. 하루에도 열두 번씩 희로애락이 요동치는 게 삶의 여정인데 '살아 있기에 그 감정들이 함께하는구나' 하는 감사를 느낀다.

감사일기는 쓰는 것만으로 끝내지 말고 때때로 되돌아보면 더 감흥이 커진다. '이렇게 매일매일 나에게 감사한 일이 있었구나' 하고 자신의 삶을 더욱 풍요롭게 느낄 것이다. 일주일 혹은 한 달마다 지난날의 감사일기를 다시 읽어보자.

우리의 삶에서 영원한 것은 아무것도 없다. 좋은 일도 지나가고 슬픈 일도 지나간다. 욕망을 줄이고 현재 소유한 것에 감사하게 해주는 감사일기 3줄 쓰기, 나는 이것을 기적이라고 말하고 싶다.

관계를 개선하는
감사의 언어로 말하기

- 긍정의 말이 긍정의 결과를 가져온다 -

미국 노스캐롤라이나 대학교 심리학과 바버라 프레드릭슨(Barbara Fredrickson)과 마셜 로사다(Marcial Losada) 교수 팀은 미국내에 있는 60개 기업의 회의록에 쓰인 언어를 분석한 결과 놀라운 사실을 발견했다.

긍정적인 단어를 사용한 횟수와 기업의 성장이 연관되어 있으며 회의 중 긍정적인 단어 사용이 2.9배 많으면 회사와 사람이 모두 성장 가능성이 높았지만(로사다 비율), 그보다 낮으면 위기를 겪는다는 결과였다.

이를 두고 프레드릭슨 교수는 다음과 같이 결론을 내렸다.[17]

"긍정적인 단어 사용은 인간의 발전과 조직의 성장에 매우 중요한 역할을 한다."

나중에 이 결과는 다시 부부관계에 적용하여 연구되었다. 미국 워싱턴 대학교 심리학과의 존 가트맨(John Gottman) 명예교수는 이혼한 부부가 사용한 언어습관을 살펴본 결과, 긍정적인 단어와 부정적인 단어 사용 비율이 2.9:1 이하였다고 밝혔다. 반대로 이 비율 이상이면 부부는 이혼이라는 최악의 상황에 직면하지 않는다고 했다.[18]

부부싸움은 대부분 상대방을 비난하기 때문에 일어난다. 일이 잘못된 원인을 상대방에게서 찾고, 그것을 질타하는 과정이 쌓이고 쌓여 해결되지 못하면 결국 이혼이라는 최악의 결과를 낳는다.

부정적인 언어를 많이 사용하는 관계는 결국 부정적인 결과를 맞을 수밖에 없다. 회사에서도, 인간관계에서도, 부부 사이에서도 마찬가지다. 배우자와 대화할 때 자신의 언어습관을 돌아보자. 부정적인 말과 긍정적인 말을 얼마나 쓰는지 스스로 체크해보고 부정적인 언어를 어떻게 긍정적으로 바꿀지 고민해볼 필요가 있다.

부정적인 비난 대신 서로에 대해 감사가 깃든 긍정적인 언어를 사용하면 분명 관계 개선에 도움이 된다. 서로 감사하는 언어와 마음 자세를 가지면 부부가 동시에 변화할 수 있다. 다음의 7가지 감사의 언어와 마음 자세를 일상에서 꾸준히 실천해보자.[19]

"안녕하세요?" 먼저 인사하는 '밝은 마음'

다른 사람을 향한 개방성, 나를 드러내고 알리는 적극성, 함께 대화하고 관계를 맺고 싶다는 의지가 "안녕하세요"라는 한마디에 전부 담겨 있다. 먼저 "안녕하세요"라고 말하며 다가가면 상대방의 마음도 밝아진다. 이 인사로 서로 '교감'의 상태가 되고 마음이 합일된다.

"네, 인정합니다"라고 말하는 '솔직한 마음'

우리가 인생을 당당하고 자신 있게, 다른 사람과 함께 적극적으로 어울리면서 살기 위해서는 잘못을 인정하고 수긍하는 마음, 즉 "네, 인정합니다"라는 말을 해야 한다. 그렇지 않고 둘러대느라 거짓말을 하면 거짓말이 또 다른 거짓말을 낳으면서 결국 인생이 피폐해지고 관계가 단절되어 외톨이로 살아갈 수밖에 없다. 솔직하게 인정하면 오히려 마음이 평안해져 현실적인 사고를 할 수 있다.

"죄송합니다"라고 말하는 '반성의 마음'

인생에서 '성장'하려면 실수와 잘못을 딛고 도약해야 한다. 이 중간과정에 '반성'이 있다. 실수와 잘못을 반성하고 주변에 "죄송합니다"라고 할 수 있어야만 비로소 자기극복의 의지가 생기기 때문이다.

"제가 하겠습니다"라고 말하는 '적극적인 마음'

무슨 일에든 기꺼이 나서는 적극적인 마음가짐과 태도가 성과를 올리고, 조직이 잘 돌아가게 하고, 가정을 행복하게 만드는 지름길이다.

"고맙습니다"라고 말하는 '감사의 마음'

감사의 마음을 전하는 말은 일상에서 끊임없이 생기는 불평불만을 일거에 제거하고, 지금의 상황에 자족하고 지금의 현실도 풍요롭다는 사실을 깨닫게 해주는 묘약이다. 이는 곧 삶에 즐거움을 가져다준다.

"덕분입니다"라고 말하는 '겸손한 마음'

이 말을 할 때 진정으로 더 강해지고 행복해진다. 겸손한 사람은 언제든 자신의 실력과 삶을 더 높은 단계로 도약시킬 수 있으며 문제와 단점마저도 실력과 장점으로 만들 가능성이 크다. 또 주변 사람들로부터 사랑을 받기에 행복해질 가능성이 더욱 활짝 열려 있다. 주변 사람들의 고마움을 받아들이는 것은 진심 어린 겸손의 시작이다.

"약속을 지킵니다"라고 말하는 '성실한 마음'

우리는 '거대한 약속의 세계'에서 살고 있다. 약속을 잘 지키는 것은 다른 사람과의 관계를 지탱하는 핵심이다. 걸핏하면 약속을 어기는 사람과 자주 대면하고 싶은 사람은 없기 때문이다. 사소하고 작은 약속일지라도 지키는 습관이 중요하다.

Action 3

감사력을 높이는
행복습관 실천

긍정의 근력을 키워주는 '다행일기' 쓰기

'다행'은 한자로 多幸, 즉 행복이 많다는 의미다. 이보다 더 좋은 말이 있을까?

살다 보면 '어쩔 수 없는 일'이 수두룩하다. 원하지도 않았는데 찾아오는 문제, 장애물도 부지기수다. 아무리 힘든 일이 있어도 '그럼에도 불구하고 정말 다행이다'라고 생각해보자. 그러면 부정적인 일이 금세 긍정적인 일로 바뀌면서 마음에 안정이 찾아온다. 현재 자신의 상황이 얼마나 다행인지도 알 수 있다. 뿐만 아니라 불행에서 벗어난 자신을 생각하면서 묘한 자신감마저 느낄 수 있다. '다행일기'는 불행마저도 긍정적인 상황으로 바꾸는 강력한 힘을 가지고 있다.

'감사의 마음' 표현하기

감사한 일이 있다면 적극적으로 표현해야 한다. 표현하지 않은 감사는 실체가 드러나지 않기에 빛을 발할 수 없다. 마음속에 감사의 마음이 아무리 커도 겉으로 표현하지 않으면 상대방은 알 수가 없다.

우리는 어려서부터 감사를 표현하는 일에 그다지 익숙하지 않아서 감사하는 것을 쑥스러워하고, 어떤 경우에는 '그런 걸 꼭 말로 표현해야 하나?'라고 생각하기도 한다. 하지만 감사의 마음을 표현하면 자신은 물론 상대방도 기분이 좋아진다.

감사의 표현은 말로 하는 것이 기본이지만, 그것만으로 부족할 수도 있다. 감사하는 마음을 오래 남기기 위해서는 '카드'나 '손편지'를 쓰는 방법이 있다. 말은 허공에 사라져버리지만, 카드나 손편지는 오래 보관할 수 있어 추억거리가 되기도 한다. 요즘에는 이메일이나 스마트폰 메시지를 활용할 수 있다. 상대방의 무엇에 감사하고, 그것이 나에게 어떤 도움이 되었으며, 그런 배려를 통해 앞으로 자신이 어떻게 달라질지를 적어 보내면 상대방에게도 반가운 메시지가 아닐 수 없다.

TIP ▶ 업그레이드된 감사

결과가 좋을 때는 당연히 감사할 수 있지만, 진정한 감사는 결과가 좋지 않더라도 감사의 마음을 표현하는 것이다. '결과'가 아닌 '과정'에 감사하면 그 사람이 함께해준 것만으로도 충분히 고마운 마음이 든다.

또한 자신의 하루에 감사할 때는 잠들기 직전에 하는 것이 좋다. 그러면 하루 동안 쌓인 스트레스가 해소되고 몸과 마음이 이완되어 숙면을 취하는 데 도움이 된다.

4장

돈보다 중요한
에너지와 활력의 원천,
건강력

건강력 키우기는 단지 '몸에 질병이 없다'가 아니라
육체와 정신 건강을 아우르고 내면의 평화까지 추구하는 것으로,
인체의 균형 상태를 확립하는 것이다.
이를 통해 우리의 삶은
더욱 활력 넘치는 행복으로 다가갈 수 있다.

행복을 뒷받침하는
건강력

- 건강은 돈보다 더 중요하다 -

삶에서 건강이 중요하지 않다고 생각하는 사람은 거의 없다. 그래서 많은 사람이 건강을 유지하기 위해 생명력 있는 먹거리로 영양을 골고루 섭취하고, 꾸준히 운동을 한다. 그러나 단순히 건강을 추구하는 것과 '건강력'을 갖추는 것은 다른 차원의 일이다.

건강력은 육체와 정신 건강이 다 안정적인 상태로, 이를 통해 심신의 활동성과 회복력을 높이는 것이다. 조깅, 걷기 등 육체 운동도 건강력에 포함되지만, 진정한 건강력은 '삶 전체를 고양시키는 심신의 종합적인 활동'이라고 할 수 있다.

단순히 건강의 중요성을 아는 사람과 '건강력을 지닌 사람' 사이에는 차이가 있다. 건강력은 일반적으로 '건강이 제일 중요해, 건강하게 살아야지'라고 하는 신념과 달리 '행복을 고양시키기 위해 건강이 하나의 중요한 요소임을 인식하고, 꾸준히 건강을 유지하려는 일상의 노력'이라고 정의할 수 있다.

인간은 몸과 마음이 하나로 연결된 유기적인 존재로 몸이 건강하지 않으면 마음이 우울해지고, 건강이 뒷받침되지 않으면 참된 행복을 느낄 수 없다. 행복에 대한 많은 연구, 그리고 '행복하기 위해서는 어떤 조건이 필요한가?'라는 질문에서 건강의 중요성은 빠진 적이 없다.

그만큼 건강은 우리의 삶을 뒷받침하는 근원적인 힘이다. 건강해야 행복을 느끼고, 행복한 삶을 지속시키고 싶은 의지나 욕구를 발현시킬 수 있다.

한 연구에 의하면 '건강'은 직업이나 경제력보다 행복에 더 큰 영향을 미치는 것으로 나타났다. 그런데 건강의 중요성은 마치 공기와 같아서 건강할 때는 모르고 건강을 잃고 나서야 알게 된다.

스웨덴 우프살라 대학교의 뇌과학과 재활치료 교수이자 '삶의 만족도' 분야를 연구하는 악셀 푸글마이어(Axel Fugl-Meyer)는 만성질환자들의 행복을 연구했다. 연구 대상은 상당히 복합적인 트라우마가 있는 사람, 뇌졸중을 앓는 사람, 심각한 요통을 겪는 사람 등의 만성질환자들이었다. 우리의 예상대로 이들 중에서 '행복하다'고 응답한 사람은 채 절반도 되지 않았다. 또 그들 중 다수가 돈이나 직업보다 '건강'이

더 중요하다고 답했다.[20]

우리 모두는 행복하기를 원한다. 그런데 행복이 건강과 얼마나 밀접한 연관이 있는지는 종종 잊어버린다. 실제 다양한 연구 결과에 의하면, 적당한 육체활동은 불안감을 감소시키고 스트레스를 낮추며 인지기능을 향상시켜주고 자아존중감을 높여주며, 무엇보다 '심리치료'와 비슷한 효과를 가져다준다고 한다.

건강한 육체는 우리의 정신에 긍정적인 영향을 미치고, 건강하지 못한 육체는 부정적인 영향을 미친다. 또 정신적으로 갈등을 겪거나 심각한 스트레스를 받으면 몸에 그대로 드러난다. 호흡이 불규칙해지거나 근육통이 일어나기도 하고 두통이 생기는 경우도 있다. 이런 상태에서 행복을 느끼기란 쉽지 않은 일이다. 따라서 우리의 몸과 마음이 건강한 상태를 유지하도록 올바른 식생활, 적절한 운동과 마음 다스리기를 해야 한다.

건강과 행복, 일은
선순환의 관계

– 행복과 일이 나를 건강하게 만든다 –

건강은 행복과 '선순환의 관계'다. 행복하면 건강해지는데, 이때 건강은 우리를 더 행복하게 만든다. 이 사실은 핀란드 오울루 대학교와 라플랜드 병원의 헬리 혼카넨(Heli Honkanen) 정신과 교수의 연구로 밝혀졌다.[21]

혼카넨 교수가 28~64세의 쌍둥이 2만 명을 대상으로 삶의 만족도와 행복을 조사해 내린 결론은 건강한 사람이 더 행복한 것이 아니라 '행복한 사람이 더 건강하다'였다. 그의 연구를 통해 행복이 건강을 선물한다는 사실을 알 수 있다.

자신의 삶에 만족하며 행복을 느끼는 사람은 수명이 길었고, 자살

할 확률도 현저히 낮았다.

일을 하는 자세와 태도도 건강력과 밀접한 연관이 있다. 일은 우리 일상의 대부분을 차지한다. 하루 24시간 중 3분의 1은 일을 하기에 일을 스트레스로 받아들이면 결국 건강이 나빠진다. '즐기면서 일하자'는 생각을 하면 스트레스가 줄고 회복탄력성이 커진다.

그런데 어디 일이 '즐겨야 해'라고 한다고 즐거워지는가? 일에 대한 근본적인 태도를 바꿔야 한다. 즐기면서 일하는 것을 자신의 신념으로 굳혀야 스트레스가 줄어든다. 일을 '돈 벌기 위해 어쩔 수 없이 하는 것'으로 인식하면 늘 수동적인 위치에 머물게 된다.

일을 성장의 관점에서 바라보자. 매일 하는 일을 '고된 노동'이라고 생각하지 않고 '나를 성장시키는 과정'이라고 여기면 하루가 좀 더 의미 있을 것이다. 일로 인해 스트레스를 받더라도 '정신적으로 좀 더 성숙할 수 있는 계기'라고 받아들이면 오히려 배울 점이 있다.

실제로 일을 한다는 것은 무엇보다 사회의 구성원으로서 제 몫을 한다는 뿌듯함을 준다. 그 과정에서 사람들과 성과를 주고받으며 함께 성장하고 마음을 나누게 된다. 요즘 사회관계에 지쳐 '자발적 외톨이'라는 말이 유행하는데 누구도 완전한 고립을 원하지는 않는다. 홀로 고립되어 살아가는 것만큼 행복을 가로막는 행위도 없다. 일은 고립을 막아주고 상처받고 힘들어도 사회관계를 더욱 발전시키도록 우리를 독려한다.

나도 하루에 2~3건의 지방 강연을 하는 날에는 몸이 녹초가 되고 만다. 쉬고 싶은 마음이 불쑥 솟구친다. 2015년 메르스 사태, 그리고 2020년 코로나19 펜데믹 때는 모든 대형강연과 집합교육이 취소되었다. 이때의 강제 휴식은 아주 큰 고통으로 다가왔다.

　일을 하면 쉬고 싶고, 쉬면 일을 하고 싶으니 마음은 변덕쟁이다. 그런데 둘 중에 스트레스를 덜 받는 쪽은 역시 내가 좋아하는 일에 몰입할 때다. 일이 있으면 감사하게 생각하고 성실하게 준비한다. 일이 없을 때는 관심 있는 분야를 공부하고 건강을 챙기는 게 현명한 선택이다. 늦은 밤까지 강연 자료를 준비하고 다양한 책과 논문을 읽고 정리해서 청중들 앞에 서는 일이 나의 가장 큰 기쁨이다. 즐겁고 의미 있다는 자부심과 의욕이 만나면 쓸데없는 생각도 줄고 마음에 활력이 넘쳐 건강해진다.

정신적으로 건강한 상태 유지하기

- 자신만의 정신 건강 회복법을 만들자 -

육체가 건강할지라도 정신이 건강하지 않으면 우리의 삶은 불행해질 수밖에 없다. 매일 운동을 하며 몸을 단련하듯이 정신적인 건강도 고양시키도록 함께 노력해야 한다.

우리는 사랑받기 위해, 행복해지기 위해 태어난 사람이라는 것을 명심하자. 이는 기본적으로 자신의 마음을 잘 다스려야 얻을 수 있는 마음의 상태다. 사회관계 속에서 상처받는 건 어쩔 수 없다. 상처받지 않기를 바라기보다 '소확행 추구하기', '가성비(價性比)보다 가심비(價心比)를 따져 나에게 작은 선물하기' 같은 자신만의 정신 건강 회복법을 만들자.

앞에서도 말했지만 정신적으로 건강한 상태는 한마디로 '감정적으로 불만이 적고 행복감을 느끼는 상태'다. 이런 사람은 늘 새로운 것에 도전하는 열정을 가지며 마음의 상처도 쉽게 털어내는 회복탄력성이 높다.

오스카 레반트(Oscar Levant)는 감정과 정신적 건강에 대해 이렇게 말했다.

"마음이 긍정적이고 몸이 이완되었을 때 가장 편안하고 행복하다. 자신의 감정을 알고, 감정을 구분하고, 거기에 따른 행동을 이끌어내는 능력은 자기 이해와 자기 관리의 기초가 된다."

자신의 감정과 정신을 다시 들여다보자. 최근 자신이 화를 냈던 상황, 통제력을 잃어버렸던 순간의 감정을 돌이켜보고 상처받았던 일, 걱정되는 일, 좌절감을 느꼈던 상황 등을 차분히 적어 자신의 감정과 정신 상태를 스스로 진단해보자.

자신의 감정을 이해하지 못하면 일상을 통제할 수 없다. 감정이 휘두르는 대로 생각과 몸이 움직이면서 절제되지 않기에 감정의 폭풍이 지나고 나면 '나 자신이 정말 싫어진다'는 자괴감에 빠질 수밖에 없다.

이런 상황에서는 정서가 불안하기 때문에 다른 사람과의 관계에도 나쁜 영향을 미칠 수 있다. 운전을 할 때 길을 잘 알면 안전 운행이 가능하듯이 자신의 정신 건강 상태에 대해 잘 알면 안개처럼 뿌옇던 행복의 길이 명확하게 드러난다. 건강한 자기인식의 상태가 행복의 출발점이다.

로버트 프로스트(Robert Frost)는 이렇게 말했다.

"자기인식은 세상과 상호작용하는 방식이다. 기본적으로 자신의 감정, 생각, 욕구, 가치를 인식하는 능력은 행복의 중요한 열쇠다."

운동은 행복을 만드는
중요한 요소

- 일상의 활력 비타민, 걷기를 실천하자 -

이란 타브리즈 대학교의 운동심리학과 바히드 사리 사라프(Vahid Sari Sarraf) 부교수는 '운동은 행복을 만드는 중요한 요소'라고 말했다. 그는 행복한 사람들의 면역력을 집중적으로 연구했다. 그 결과 행복한 사람일수록 면역력이 강했으며, 운동이 행복한 생활의 원천이 될 수 있음을 밝혀냈다.[22]

무엇보다 운동은 사교성과도 관련이 있고, 이러한 '운동과 사교성의 결합'은 행복을 더욱 증폭시키는 힘을 가졌다. 자신이 좋아하는 운동을 다른 사람들과 함께하며 즐거운 만남을 가지면 성격이 밝아지고 행복감도 더 커진다고 한다.

물론 운동은 혼자서 해도 효과가 크다. 그런데 더 많은 사람과 함께 하면 보다 활기가 생긴다는 점에서 팀 운동이 혼자 하는 운동보다 더 효과적이라고 한다.

　사실 마음먹고 운동을 시작했지만 꾸준히 하지 못하는 경우가 많다. '건강해져야 한다'는 의무감으로 운동하기 때문이다. 운동을 꾸준히 하기 위해서는 건강보다는 행복에 초점을 맞춰야 한다. 행복해지는 것을 귀찮아하거나 짜증이 난다고 생각하는 사람은 없기에 운동의 목표를 행복에 두면 의지를 굳히는 데 좀 더 도움이 된다. 그러면 운동을 꾸준히 할 심리적인 기작을 마련할 수 있다.

　운동은 행복감을 느끼게 한다. 이것은 다시 인체의 면역력을 더욱 강화시키니 자연히 질병을 예방한다. 한마디로 건강한 생활은 행복한 생활로 이어진다.

　운동 중에서도 걷기는 '신(神)이 내린 최고의 자연요법'이라는 말이 있다. 쉽고 효과가 확실하다. 언제 어디서나 아무 준비를 하지 않아도, 누구나 할 수 있는 건강요법이다.

　걷기의 효과를 말하자면 입이 아플 정도다. 중요한 것만 꼽으면 심폐 기능을 향상시키고 혈액순환을 촉진시켜 심혈관질환을 예방하며 비만, 당뇨, 고혈압 등 만성질환 예방과 치료에 특효다. 또 뼈와 두뇌 건강 유지, 노화 방지 등 몸을 전반적으로 건강하게 만드는 것은 물론 스트레스, 불안감, 우울증을 감소시켜 정신 건강에도 최고의 운동이다.

무엇보다 걷기만큼 인체의 전 기관을 활용하는 운동도 드물다. 머리, 척추, 근육, 팔, 다리, 발 등 몸 전체를 사용하고 심지어 시각과 청각, 후각도 동원된다.

걷기는 이 모든 효과에 더해 궁극적인 충만감까지 가져다준다. 갑상샘 이상으로 죽기 직전까지 갔던 프랑스 작가 세실 가테프(Cécile Gateff) 역시 걷기를 통해 건강을 회복했다. 그는 이렇게 말했다.

"(걷기란) 멈출 줄 안다는 것, 바라본다는 것, 평소의 시간 개념과는 전혀 다른 시간의 흐름 속에서 여유를 찾는 것이다. 이는 만남의 의무를 포함하고 기쁨과 고통, 책임감이 있는 인생의 축소판이다."[23]

우리는 걸으면서 많은 것을 만나고 보고 느끼고 생각한다. 또 걷는 과정에서 그것들과 헤어지는 경험도 한다. 그저 가만히 누워 있거나 앉아서 무언가를 하는 것과는 완전히 다른 차원의 세계로 들어가 정신세계마저 새롭게 할 수 있다. 그런 점에서 걷기는 육체 건강은 물론 정신 건강까지 가져다주는 통합 운동이 아닐 수 없다.

나 또한 전국으로 강연을 다니며 체력의 중요성을 몸과 마음으로 느꼈다. 그럼에도 나는 여전히 운동을 싫어 한다. 더군다나 스케줄이 불규칙하고 지방 출장이 잦은 직업이다 보니 운동센터에는 매번 등록만 하다 끝난다. 한참 요가가 유행이었을 때는 가격 할인을 보고 충동적으로 1년을 등록했다. 그러고도 아침에 요가 갈 시간이 지나도록 "5분만, 1분만…" 미루면서 이불 속에서 벗어나지 못했다. 비라도 왔으면 하고 핑계를 찾던 내 자신을 돌아보면 웃음만 나온다. 요가에 필요한 옷, 매트 등 준비물을 몽땅 샀지만 사용했던 기억은 손에 꼽힌다.

그후로 나는 걷기로 마음먹고 '매일 5,000보 이상 걷기'라는 작은 목표를 설정해 일주일 동안 기록을 했다. 집에서 TV를 보면서도 걷고 유튜브를 보면서도 제자리걸음을 했다. 이를 4주, 한 달을 지켜냈고, 그 성취감은 1년을 유지하게 만들었다.

지금은 매일 5,000보에서 1만 보 걷기를 자연스럽게 하고 있다. 걷기 어플에 결과를 기록하며 꾸준히 실천하는 스스로를 대견해하기도 한다. 나는 걷기를 평생 운동습관으로 만들고 싶다.

하루 30분 걷기는 언제 어디서든 그저 운동화 끈만 질끈 묶으면 할 수 있다. 최근 과학적인 연구 결과에 의하면 '고강도 운동'보다 '중강도 운동'이 건강에 훨씬 좋다고 한다. 땀을 뻘뻘 흘리면서 과격하게 운동하지 말고, 이마에 땀이 송송 맺힐 정도로 빠르게 걷는 운동이면 충분하다.

Action 4

건강력을 높이는
행복습관 실천

사소하지만 너무 중요한 '일상 속 운동'

하루 최소 30분 운동은 건강을 지키기 위한 기본이지만 일상에 치여 살다 보면 그것마저 짬을 내는 것이 쉽지 않다. 자꾸 미루다가 어느새 저녁이 되고, 그러면 '내일 아침에 해야지'라며 또 미루게 된다. 이런 버릇을 없애기 위해서는 '일상 속 운동'을 해야 한다.

2013년 미국 오리건 대학교의 연구팀은 계단 이용하기, 걸어 다니며 전화 받기 등 일상적인 활동을 꾸준히 하는 것만으로도 충분히 헬스장에서 운동하는 것과 같은 효과가 난다는 연구 결과를 발표했다. 로프린지(Loprinzi) 박사는 이렇게 말했다.

"하루에 30분 이상 시간을 내지 못하면 아예 운동을 포기하는 사람들이 있는데, 이는 잘못된 생각이다. 청소하기, 식당까지 걸어가기, 계단 이용하기 등 일상에서 제대로 몸만 움직여도 따로 운동을 하지 않아도 된다."

작은 활동들을 모으면 꽤 많이 움직일 수 있다.

TIP ▶ **일상의 사소한 활동으로 운동하기**

- 배달 음식을 주문하는 대신 직접 방문하여 포장해오기.
- 출퇴근 버스를 이용할 때 목적지보다 두세 정거장 미리 내려 걸어가기.
- 유튜브를 활용해 자신에게 적합한 운동 배우기.
- 실내자전거 타면서 TV 시청하기.
- 엘리베이터 대신 계단 이용하기.

자신에게 맞는 아이디어를 짜내면 재미있는 운동이 가능하다.

숙면하기

충분한 휴식에는 숙면(질 좋은 잠)도 포함된다. 우리는 일이나 공부할 시간이 모자라면 '잠을 줄여야 한다'고 생각한다. 다른 시간은 줄일 것이 없으니 잠자는 시간을 줄여서라도 보충하려는 것이다. 그러나 이는 건강을 해치는 좋지 않은 방법이다.

우선 수면을 제대로 취하지 않으면 식욕이 조절되지 않는 것은 물론 노화가 빨라지고 면역력에도 부정적인 영향을 미쳐 총체적으로 건강이 약해진다.

무엇보다 다이어트를 한다면 숙면이 매우 중요하다. 수면시간이 불규칙하거나 부족하면 공복호르몬 그렐린이 마구 날뛰기 때문에 식욕이 치솟을 수 있다. 이유없이 허기가 지거나 단것이 당겨 다이어트에 치명적이다.

우리 몸은 잠자는 동안 DHEA(부신에서 대부분 생산되는 스테로이드 호르몬)를 분비해 노화를 방지해주고, 적정한 체중을 유지하게 해주며, 몸속의 각종 염증을 가라앉혀주어 각종 질병과 맞서는 데 큰 도움을 준다. 한마디로 충분한 숙면은 우리 몸과 마음을 건강하게 하고, 행복감을 더욱 높여주는 중요한 역할을 한다.

복식호흡하기

건강을 제대로 유지하기 위해서는 호흡에도 관심을 가져야 한다.

현대인은 옛사람들보다 호흡이 훨씬 빨라졌다. 중국의 의학서 《황제내경》에서는 1분에 8~9회가 건강한 호흡이라고 했는데 지금 우리는 15~20회가량을 한다. 무려 두 배나 빨라진 것이다. 얇고 빠른 호흡은 우리 몸에 충분한 산소를 공급하지 못해 신진대사에 문제를 일으킨다.

무엇보다 우리 몸의 세포는 영양소와 산소 공급이라는 2가지 축에 의해 유지되는데 잘못된 호흡이 계속되면 세포의 생명력이 떨어진다.

특히 두뇌는 산소를 많이 소비하기 때문에 산소가 줄어들면 두뇌 활동에도 타격이 간다.

> **TIP ▶ 복식호흡하기**
>
> 복식호흡은 코로 숨을 천천히 들이마시며 배를 쭈욱~ 내밀어주고, 숨을 코로 길게 내쉬면서 배를 쏙~ 밀어 넣어주면 된다. 이때 몸과 마음을 최대한 이완시켜야 한다. 다급하고 불안한 마음 상태에서는 복식호흡을 제대로 할 수 없다.

명상하기

명상은 우리의 건강을 종합적으로 향상시킨다. 자신의 내면 깊은 곳으로 들어가 마음의 평화를 얻는 행위로, 편안하게 앉은 자세에서 마음을 한곳에 모아 집중하여 고요하고 순수한 상태로 만드는 것이다.

명상은 수많은 일과 사건들이 끊임없이 밀려드는 세상사에서 자신의 마음을 한켠으로 떼어놓고 외부로 향했던 마음을 내부로 옮기는 행위다. 이러한 과정을 반복하면 심리적으로 안정이 된다.

명상은 정신 건강을 강화한다. 자유로움, 내면의 힘, 비움 등을 경험하면 주어진 삶을 좀 더 긍정적으로 바라볼 수 있으며, 이를 통해 더 큰 행복감을 느낄 수 있다.

무엇보다 명상은 인체의 각종 통증에도 좋은 효과를 발휘하는 것으로 알려져 있다. 통증은 몸에서 직접 전해지는 괴로운 감각인 1차 통증과 이로 인한 마음의 불안에서 오는 2차 통증이 있다. 두뇌 영상 촬영을 통해서 확인해본 결과 숙련된 명상가는 명상을 통해 통증 강도와 그에 따른 불쾌감을 각각 70퍼센트(1차 통증)와 93퍼센트(2차 통증)까지 줄였다.

명상은 방해받지 않는 고요한 공간에서 하면 좋다. 잔잔하고 조용한 음악을 틀어놓는 것도 도움이 된다. 일과를 시작하기 전 혹은 마친 후에 명상을 한다.

꼭 방 안에서 혼자 할 필요는 없다. 대중교통 안에서도 눈을 감고 정신을 집중해서 몸과 마음을 이완시키면 그 자체로 명상의 효과가 있다. 자연을 느끼며 홀가분한 마음으로 가볍게 산책을 하는 것도 명상의 한 종류다. 자연에 감사하며 활력을 되찾겠다는 생각만 가져도 우리 몸의 세포들은 반응을 하기 때문이다.

갈등과 고민에서
해방되는 자유로움,
여가력

여가력은 취미 활동에 심취하는 것으로,
이를 통해 여유롭고 편안한 마음을 얻어
자유로운 감정을 느끼는 내면의 행복을 만드는 것이다.
또 이는 삶을 풍성하고 윤택하게 만들어
우리를 행복하게 한다.

여유롭고 편안한 마음이
주는 자유감

- 내면의 행복 법칙을 만들어야 한다 -

'여가력'이라는 말에서도 알 수 있듯이 여가를 잘 즐기기 위해서는 특별한 힘이 필요하다. 이는 여가를 올바르게 즐기는 노하우를 알아야 한다는 의미다. 여기에서 여가는 사전적 의미와 달리 '여유롭고 편안한 마음'이라는 뜻이다. 시간만 낸다고 여가력을 얻는 것이 아니고, 그저 취미생활만 한다고 해서 달성되는 것 역시 아니다. 시간을 내거나 특정 취미 활동을 하는 것은 그것을 통해 '여유롭고 편안한 마음'을 얻기 위한 부가적인 요소일 뿐이다.

여가를 즐길 때는 말 그대로 세상만사 모든 것을 다 내려놓는 자세와 여가를 통해 느껴지는 자유로움을 어린아이처럼 맘껏 누리려는 태도가 필요하다. 이러한 상태를 '자유감'이라고 할 수 있다.

연세대학교 심리학과 서은국 교수는 행복학의 세계적 권위자인 미국 일리노이 대학교 심리학과 에드워드 디너(Edward Diener) 교수의 제자이며 그와 함께 《문화와 주관적 안녕감(Culture and Subjective Well-Being)》이라는 책을 펴내기도 했다. 이 책에서 그는 '행복을 위한 3가지 결정적인 조건'을 말했다.

행복해지는 데 있어서 결정적인 조건은 '타고난 기질, 풍요로운 인간관계, 자유감'이다. 이 3가지는 개인의 직업, 종교, 인종, 나이 등과 상관없이 행복에 절대적으로 영향을 미친다고 한다.

3가지 중에서도 '자유감'을 중요한 요소로 꼽았는데, 여기서 말하는 자유감은 직업이나 종교 등 외부 조건과는 상관이 없고 자신의 내면으로부터 스스로 만들어내는 자유에 대한 느낌이다. 자유감은 특히 자신만의 공간에 있을 때 극대화된다. 자신이 좋아하는 자신만의 공간은 안식을 주며, 편히 숨쉴 수 있는 여유를 허락하기 때문이다. 자유감이 많을수록 우리는 행복에 좀 더 다가갈 수 있다.

무엇보다 여가력을 키우기 위해서는 내면과 외면의 행복 법칙 중 '내면의 행복법칙'을 알아야 한다. 행복의 법칙을 이 2가지로 구분한 사람은 미국 캘리포니아 대학교의 마이클 하제티(Michael Hagerty) 명예교수로 그는 〈행복연구 저널〉에 발표한 논문으로 '최고의 논문상'을 받기도 했다.

하제티는 오랜 기간 동안 행복을 연구한 결과, 내면의 행복 법칙과 외면의 행복 법칙이 다르다는 사실을 알아냈다.

외면의 행복 법칙은 우리가 흔히 알고 있는 행복의 조건들이다.[21] 많은 돈, 좋은 집, 사람들이 존경하는 직업 등으로 누구나 이런 조건을 갖추면 분명 행복해지기는 할 것이다. 그러나 더욱 중요한 것은 내면의 행복 법칙이다. 마이클 하제티 교수는 이렇게 말했다.

"정말로 행복해지고 싶다면 능동적으로 행복을 찾아 심고 가꾸는 노력을 해야 한다. 내면의 행복 법칙은 외면의 행복 법칙과는 다르다."

그는 이를 위해 일상에서 '행복 탐정'이 되라고 조언한다. 행복 탐정이 하는 일은 다음과 같다.

- 일상에서 행복을 찾고 자신의 감정 들여다보기
- 내 마음의 날씨 관찰하기
- 좋은 시간을 따로 챙겨놓고 즐기기
- 다른 사람의 행복을 위해 새로운 일 시도하기

어떤가? 여가력과 상당히 밀접한 연관이 있지 않은가? 스스로 여가를 만들고 그 안에서 편안하고 자유로운 감정을 느껴야 비로소 행복 탐정의 일을 할 수 있다. 그래서 여가력이란 본질적으로 '내면의 행복 법칙'을 스스로 만들어가는 것이라고 할 수 있다.

보다 중요한 것은 내면의 행복 법칙이 만들어지면 비록 외면의 행복 법칙이 흔들려도 행복이 이어질 수 있다는 점이다. 내면의 행복 법칙은 매우 강해 마음에서 우러나는 '진국'과도 같은 행복을 만들어내며, 이는 주변 상황이 좋지 않더라도 결코 흔들리지 않는 튼튼한 지렛대 역할을 한다.

결론적으로 여가력은 일상의 바쁜 마음 상태, 일에 대한 강박 등이 사라질 때 비로소 얻어진다. 마음을 온전히 내려놓고, 바람처럼 가벼운 '자유감'을 느껴보자. 행복이 한 발자국 더 가까이 다가올 것이다.

일에서 해방되어 느끼는
자유로움

– 이제 워라밸을 넘어 워라하의 시대다 –

과거 우리 부모님 세대는 일하는 것을 행복으로 생각했고, 또 삶의 전부라고 여겼다. 그러한 무한노동, 무한경쟁의 라이프스타일은 결국 우리를 지치게 만들었다. 하지만 지금은 워라하(work–life harmony)의 시대다. 일과 개인 삶의 균형을 추구하는 워라밸(work–life balance)을 넘어 둘의 조화를 통해 더 가치 있고 행복한 삶을 살려고 하는 사람이 많아졌다.

100세 시대 평생 행복을 추구하고 싶다면, 맹목적으로 일만 하는 것에서 벗어나 여가를 충분히 활용하는 '여가력'을 절실하게 키워야 한다. 그런데도 우리 사회는 여전히 '여가'를 일을 더 잘하기 위한 하나의 수단으로 생각하는 경향이 있다.

"더 많은 일을 더 잘하기 위해 여가 시간을 즐겨야 한다."

이렇게 말하는 사람이 많다. 얼핏 보면 타당하게 느껴진다. 일과 일 사이에 여가 시간을 배치하여 스트레스를 풀어주는 것이 삶의 균형을 찾는 방법이라고 생각하기 때문이다. 하지만 이런 생각은 일을 가장 중요한 것으로 놓고 여가를 그 아래에 두는, 보조적인 수단으로 생각하는 방식이다. 워라밸 개념이 바로 그것이다.

그러나 여가는 일에 부속되는 보조 활동이 아니다. 여가는 일하는 것만큼이나 중요한 인생의 또 다른 목표이자 그 자체로 독립적인 활동이다. 일을 더 잘하기 위해 여가를 즐긴다거나, 혹은 여가를 잘 즐기기 위해 일을 열심히 한다는 태도로 접근해서는 제대로 된 여가력을 갖출 수 없다.

'일을 잘하기 위해 여가를 즐겨야 한다'고 생각하면 오로지 일을 통한 행복감만 중요하고 여가를 통한 행복감은 그다지 중요하지 않다는 오류에 빠진다. 여가는 일만큼이나 중요한 가치를 가지고 있으며, 여가가 주는 행복감은 일이 주는 행복감과는 다르다는 사실을 인식해야 한다.

그렇다고 여가를 우선시해서도 안 된다. 우리는 일을 통해 성취감을 느끼고, 자존감을 키우며, 성장할 수 있다. 이것이 일이 우리에게 주는 행복감이다. 반면 여가를 통해서는 자신이 추구하는 재미를 충족시켜 밝고 흥겨운 마음 상태를 만들 수 있고, 그 무엇에도 얽매이지 않는 홀가분함을 한껏 누릴 수 있다. 이것은 성취감이나 자존감, 성장과는 다른 종류의 행복이다.

'진정한 여가'는 단순히 쉬는 것이 아니라 모든 갈등과 고민에서 해방되는 '자유로움'을 느끼는 것이다. 그렇기에 일과 여가는 각자 존재하면서 서로 조화를 이뤄야 한다.

과도한 집착이 불러오는
여가증후군

- 미리 비용을 마련하고 포트폴리오를 만들어라 -

여가력을 갖추려고 노력할 때 한 가지 주의할 것이 있다. 여가에 과도하게 집착하는 것이다. 현실에서 바쁘게 살아가고, 자신이 혹사당한다고 생각하는 사람일수록 강박적으로 여가생활을 즐기려고 하는 경향이 있다. 이런 경우 오히려 '여가증후군'이라는 부작용을 불러올 수 있다.

여가증후군이란 '여가를 즐긴 후 괜히 시간을 헛되이 썼다는 생각에 우울이나 불안감마저 느끼고, 심지어 여가시간이 끝나면 더욱 자신을 몰아붙여 혹사시키고서 겨우 정신적인 안정감을 찾는 경우'를 말한다.

여가증후군에서 벗어나기 위해서는 뭔가 '대단한 여가'가 아니라 '소소한 여가'를 추구할 필요가 있다. 여가라고 해서 특별한 것을 하거나 원대한 프로젝트를 만들 필요는 없다. 그저 자신이 좋아하는 것이면 소소해도 괜찮다. 사실 나이가 들어갈수록 소소한 것에 더 매력을 느끼기도 한다.

여가시간을 만들고 충분한 휴식과 마음의 여유를 찾는 데 부담을 느낄 필요가 없다. 중요한 것은 '느끼고 싶은 대로 느끼고, 하고 싶은 대로 하는 것'이다. 남에게 피해를 주지 않는 범위 안에서 무엇이든 할 수 있는 것이 여가생활이다.

남아프리카공화국 케이프타운 대학교의 심리학과 스트럼퍼(D. J. W. Strumpfer) 명예교수는 행복의 비결을 '하고 싶은 대로 하는 것'이라고 말한다.

"있는 그대로 느끼고, 웃고 싶으면 신나게 웃고, 소리 내어 울고 싶으면 얼마든지 울라. 사람은 누구나 이유 없이 '그렇게 하고 싶을 때'가 있고, 그렇게 하는 것이 행복을 찾아가는 길이다."[25]

이와 같은 조언은 여가력을 강화시키는 데 도움이 된다. 자기가 느끼고 싶은 것이나 하고 싶은 것을 아무런 가치 평가 없이 무조건적으로, 가감 없이 그대로 받아들여 행동으로 옮기는 것이 진정한 여가생활이다. 이때 당연히 법을 어기거나 미풍양속을 해쳐서는 안 된다.

여가력을 꾸준히 강화하기 위해서는 나름의 계획이 필요하다. 어떤 일이든지 그때그때 생각날 때 하는 것과 애초에 계획을 세워 하는 것과는 추진력에서 큰 차이가 난다. 알찬 여가생활을 영위하기 위해 여행을 선택했다면 미리 '비용 마련'과 '포트폴리오 만들기'를 추천한다.

언제, 어디로, 누구와 갈 것인지 계획을 짜고 비용도 따로 산정해놓으면 여가생활을 좀 더 잘 즐길 수 있다. '시간 날 때 간다'와 '언제, 어디로, 어느 정도의 비용을 들여서 간다'는 것은 태도에서부터 큰 차이가 난다.

그러면 돈과 시간을 계획적으로 쓸 수 있고 부담도 줄일 수 있다. 계획 없이 갑자기 큰돈을 들이거나 많은 시간을 쏟아부으면 경제적·시간적으로 타격을 입을 수 있고, 오히려 여가생활에 대해 부정적인 인식이 생긴다.

여가생활을 구체적으로 계획하면 좀 더 꾸준히, 장기적으로 즐기는 데도 도움이 된다. 이를 통해 여가를 '내 삶의 일부'로 만들 수 있다.

삶을 더 아름답게
만드는 여가력

- 인생 후반기 빈둥지증후군도 물리친다 -

여가력이 있으면 아름답고 행복하게 늙어갈 수 있다. 사회적 연대감을 높여 고립감과 외로움에서 벗어나 사람들과 어우러져 사는 즐거움도 느낄 수 있다. 그런 점에서 볼 때 우리 주변에서 여가력이 가장 필요한 사람은 한창 성장하는 자녀를 둔 여성들인지도 모른다.

아이를 키우고 때로는 경제활동도 해야 하니 온통 육아와 일에 정신이 쏠려 여유가 없다. 자신만의 생활이 불가능해 스트레스를 받거나 우울해지기도 한다. 현실적으로 이를 해결하기 위한 별다른 대안이 없는 것도 큰 문제다. 그러다가 아이들이 성장하여 독립하는 시기가 되면 정서적 허탈감을 느끼며 자녀에게 집착하거나 반대로 공허감이나 상실감에 빠지는 경우가 많다. 이러한 상태로 나이가 들면 자신이 가치 없는 사람으로 여겨지고 행복한 노후를 제대로 가꿔나가지 못한다.

반면 자신만의 여가를 즐기며 사는 사람들은 자녀의 독립으로 인한 공허감과 상실감이 상대적으로 적다. 같은 여가생활을 즐기는 사람들과 연대해 사회생활을 활발하게 영위해나간다.

젊었을 때 여가력을 갖추지 못하면 나중에 자녀의 독립으로 인해 여러 가지 정신적인 문제를 겪을 수 있다. 젊어서부터 여가력을 즐겨야 인생 후반기의 삶도 행복하게 보낼 수 있다.

내가 만난 여가력의 고수는 꽤 오랫동안 인연을 이어오고 있는 여성 공무원이다. 그녀는 특별하게 '일이 없으면 뭔가를 해야지'를 의식한 것은 아니지만 어릴 때부터 꾸준히 '기록'을 해왔다. 큰 범주에서 말하자면 '기록'이겠지만 조금 범위를 좁혀보면 '글쓰기, 정리하기'가 아닐까 싶다.

고등학교 시절부터 유달리 친구들과 편지며 쪽지를 교환하는 것을 좋아했던 그녀는 신달자, 양귀자 등 당시 유명한 작가들의 수필과 시를 필사해 친구들에게 보내곤 했다. 그래서인지 워킹맘으로 사는 일이 녹록지 않았음에도 잠시 짬을 내 하루 일과를 정리하며 일기를 쓰고 무언가 특별한 감정이 느껴질 때 그 감정을 풀어서 글쓰기를 하는 것이 그리 어렵지 않았다.

그렇게 자신의 생각과 마음을 글로, 메모나 사진으로 꾸준히 축적

해온 그녀는 공무원 시절에 쓴 책 한 권을 포함해 현재 다섯 권의 책을 출간한 작가가 되었다.

책을 내는 게 예전보다 쉬워졌다고는 하지만 200여 쪽이나 되는 글을 쓴다는 것, 더욱이 꾸준히 책을 낸다는 것은 결코 쉬운 일이 아니다. 그녀가 그렇게 작가의 삶을 살 수 있는 것은 아마도 일이 있어도 잠시 짬을 내서, 여가 시간에, 남들 자는 시간에, 자신이 잘할 수 있는 방법으로 쓰고 정리하고 또 꿈을 꾸었기에 가능했으리라. 그녀는 앞으로도 매년 책을 내는 작가로, 출판사 대표로 살 계획을 갖고 있다.

이렇게 일하는 것만큼이나 여가생활에 대해서도 많은 신경을 써야 자신만의 훌륭한 무기를 마련할 수 있다. 특히 사회적 활동이 줄어들수록 건강이 나빠지는 경향이 있는데, 그런 점에서 여가는 인생 후반기 삶의 질을 좌우하는 중요한 변수가 될 수 있다. 일만으로 인생 전체를 채울 수는 없다. 그렇다면 일만큼이나 중요한 것이 여가생활이라는 점을 받아들이고, 일에 대해 노력하는 만큼 여가생활에 대해서도 충분한 노력을 기울여야 한다.

Action 5

여가력을 높이는
행복습관 실천

'나만의 취미' 만들기

여가력을 갖추지 못한 사람이 갑작스레 여가생활을 즐기려고 하면 '도대체 뭘 해야 하지?' 하고 난감해진다. 이는 지금까지 해보지 않은 일을 새로 시작할 때 누구에게나 떠오르는 고민이다. 하지만 크게 걱정할 필요가 없다. 자신의 취향, 라이프스타일, 호불호 등만 살펴봐도 자신에게 어떤 여가생활이 맞을지 알 수 있다.

새롭고 낯선 곳에 흥미를 느낀다면 여행을 취미로 하면 되고, 조용하면서도 내성적이라면 악기 연주를 선택하면 되고, 활동적인 에너지 발산을 좋아한다면 스포츠 활동을 해보자. 자신의 스타일에 맞는 여가생활을 하는 것이 오래 유지하는 비결이다.

'잘하는 것'을 선택해도 된다. 새로 처음부터 배우는 것도 좋지만,

자신의 성향에 맞지 않으면 꾸준히 흥미가 유지되지 않을 수 있다. 자신이 잘하는 것과 취미생활을 연계시키는 것도 한 가지 방법이다.

> **TIP ▶ 꾸준히 해보기**
>
> 모든 취미생활이 처음부터 재미있고 좋을 수만은 없다. 마음이 쏠려서 시작했다면 뭔가 불편한 감정이나 귀찮다는 생각이 들더라도 일정 기간 꾸준히 해보자. 3일, 3주, 3개월만 적응하면 3년이 지나도 좋은 취미생활이 될 수 있다.

커뮤니티 참여하기

많은 사람에게 '은퇴 후의 생활'을 물으면 그동안 하지 못했던 일이나 하고 싶었던 일을 맘껏 하겠다고 하지만 그들은 생각보다 쉽게 여가생활을 즐기지 못한다.

2012년 삼성생명 은퇴연구소에서 조사한 결과, 50대의 사람들은 누구보다 취미생활에 대한 실천의지가 강했지만 대부분 종교 모임 등의 소극적인 활동에 그치고 있는 것으로 나타났다.

그 이유는 무엇일까?

이는 한마디로 '놀아본 사람만이 노는 법과 재미를 안다'는 것이다. 평생 여가를 누려보지 못한 사람이 갑자기 마음먹는다고 여가생활을 할 수 있는 게 아니다.

이럴 때는 '함께 노는 사람'이 중요하다. 처음부터 함께하는 사람이 있어서 어떻게 여가를 보낼지 서로 이야기를 나누고 취향을 맞추면 훨씬 쉽게 여가생활에 몰두해 그 재미를 알고 즐길 수 있다.

TIP ▶ 인터넷과 지역복지센터 정보 찾기

요즘에는 여가를 함께하는 커뮤니티를 찾기가 쉽다. 인터넷 카페만 해도 수두룩하며, 지역복지센터가 곳곳에 설치되어 활발한 활동을 돕고 있다. 가까운 도서관이나 복지센터를 방문해보자. 예술, 교양, 학습, 운동, 자격증 따기 등 다양한 분야의 강습이 이루어지고 있다. 또 뜻을 함께하는 사람들과 봉사활동, 사회 활동 등도 할 수 있다.

충분한 휴식하기

흔히 여가생활이라고 하면 야외에서 하는 레저 활동을 먼저 떠올린다. 하지만 여가생활이라고 무조건 활동적이어야 할 필요는 없다. 무엇보다 여가를 즐기기 위해서는 '반드시 ~을 해야 한다'는 강박증에서 벗어나야 한다. 아무리 경치 좋은 여행지에 가더라도 무리한 스케줄을 짠다면 이는 여가도 휴식도 아니며 여행 역시 아니다. 오히려 정신적인 스트레스를 부른다.

여가력을 가져오는 진정한 휴식은 '지금 이 순간의 자유'를 충분히 느끼고, 뭔가를 해야 한다는 강박에서 완전히 자유로우며, 정신적으로 이완된 상태를 지향하는 것이다.

TIP ▶ 정신적인 갈등 잠재우기

내적인 불만과 정신적인 갈등은 원인이 사라져야 잠재울 수 있기에 해결이 쉽지 않다. 잠시 모든 것을 내려놓고 편안하게 휴식을 취하며 의도적으로 갈등을 무시해보자. 어차피 모든 것은 지나갈 것이고 삶은 계속된다. 마음을 내려놓고 머리를 맑게 했을 때 오히려 해법이 나오기도 한다.

PART 3

지속 가능한
행복습관 솔루션

변화를 온전히 자신의 것으로 만들기 위해서는
그것을 일상에 정착시키는
확실한 솔루션이 있어야 한다.
이제부터 소개하는 행복습관 정착 솔루션들을
매일 조금씩 즐거운 마음으로 실천하면
행복습관을 계속 유지할 수 있게 되고,
또 어느새 행복해진다.

마음의
버팀목 찾기

— 나를 응원해주는 서포터즈는 누구인가 —

　첫 번째 솔루션이 '마음의 버팀목 찾기'다. 아무리 능력이 출중하고 불같은 열정을 가졌어도 사람은 모든 것을 혼자 다 할 수는 없다. 원래 사람은 고독을 잘 견디지 못하고 주변 사람들과 조화를 이루며 함께 살아가야 하는 존재다. 인생은 의지하는 사람이 있을 때 더욱 살맛이 난다. 가까운 곳에 마음의 버팀목이 되어줄 사람이 있다면 심리적인 안정감 속에서 자신이 원하는 목표와 변화에 조금씩 더 다가갈 수 있다.

　그렇다면 당신의 '마음의 버팀목이 될 수 있는 사람'은 과연 어떤 사람일까? 많은 사람들이 다양한 방법으로 도움을 줄 수 있지만, 다음

3부류의 사람이 당신에게 진정한 버팀목이 되어줄 수 있다.

- 당신의 성공을 마치 자신의 일처럼 기뻐해주는 사람
- 무슨 일이 있어도 당신을 믿고 지켜봐주는 사람
- 당신도 진심으로 '행복하게 해주고 싶다'고 생각하는 사람

이들은 당신을 질투하지 않고, 믿고 지켜봐주며, 마음으로 응원한다. 어쩌면 우리가 살면서 이러한 사람을 단 한 명이라도 가질 수 있다면 큰 축복일 것이다. 더 나아가 당신이 고난을 겪을 때 함께 고민하고 따뜻하게 손잡아줄 사람이라면 더욱 좋다.

좋은 멘토와 멘티 관계도 나를 응원해줄 수 있다. 멘토란 상담이 가능한 현명하고 신뢰할 수 있는 사람으로 멘티에게 지혜로운 삶의 지식, 경험에서 우러나오는 체험적 정보를 전달해준다. 이러한 멘토와 자신의 꿈, 목표, 사명, 실천 계획을 나누다 보면 그가 '마음의 버팀목'이 될 수 있다.

살면서 자신의 꿈이나 목표 등을 한순간도 잊지 않기란 쉽지 않다. 때로는 마음이 흔들리기도 하고 또 잊고 살아가기도 한다. 하지만 '누군가 나를 주목하고 있다', '누군가 나의 성공을 바라고 있다'라는 것은 긍정적인 자극이 되어 꿈과 목표를 포기하지 않고 더욱 부여잡는 힘이 되기도 한다.

특히 마음의 버팀목이 주는 건강한 피드백은 자신의 성장을 돕고 더 높은 곳을 바라보며 지치지 않고 걸어가도록 해주는 소중한 자산이다.

'내 마음의 버팀목이 되어줄 사람이 있으면 좋겠다'는 소망은 자신 또한 다른 사람의 버팀목이 되어주었을 때 의미가 더 깊어진다. 그렇지 않다면 버팀목에 대한 소망은 이기적인 욕망으로 머물 수밖에 없다. 자신은 다른 사람들을 돕지 않으면서 도움받기를 바라는 것은 욕심일 뿐이다.

내 마음의 버팀목 쓰기

내가 가장 믿는 사람, 내게 스승이 되는 사람, 내가 의지하는 사람 등을 적어보자.
1. 내가 가장 믿는 사람은? 그 이유는?
2. 내게 스승이 되는 사람은? 그 이유는?
3. 내가 의지하는 사람은? 그 이유는?

행동하는 사람들과
함께하기

– '누구와 함께하는가'가 나의 미래다 –

어떤 변화든 지속 가능할 때 이루어진다. 다이어트도 어설프게 하면 요요 현상으로 오히려 예전보다 더 살이 찌지 않는가. 한 달 동안 힘들게 실천했는데 다시 원래의 습관으로 돌아간다면 그 한 달은 그저 물거품일 뿐이다. 자신이 원하는 모든 습관의 변화에는 '지속 가능한 솔루션'이 반드시 뒷받침되어야 한다.

사람의 의지는 생각보다 약하다. 혼자 결심한 것은 스스로 깨기도 쉬울 뿐만 아니라 외부의 자극이 없으면 언제든 무너질 수 있다.

그럴 때 자신의 약한 의지를 탓하겠지만 그렇다고 변화를 포기할 필요는 없다. 약한 의지를 강하게 만들어줄 '행동하는 사람들'과 함께

하면 어렵지 않게 해결할 수 있다.

'친구 따라 강남 간다'는 말도 있다. 주변 사람에 의해 자신의 행동이 영향을 받는다는 의미다. 아무리 강한 의지를 가진 사람이라도 주변에 나약하고 게으른 사람이 많다면 결국 자신도 그 영향을 받을 수밖에 없다. 이 말을 뒤집어보면 비록 자신은 나약하고 게을러도 강한 의지를 가진 사람들과 함께한다면 자신도 그렇게 변할 수 있다는 것이다.

중요한 것은 일단 행동하기 시작하면 그 방향으로 지속적인 실천이 가능하다는 점이다.

독일의 정신의학자 에밀 크레펠린(Emil Kraepelin)은 이러한 정신현상을 '작동흥분이론(Work Excitement Theory)'으로 설명한다.[26]

에밀 크레펠린은 '몸은 일단 발동이 걸리면 자동으로 다음 일을 수행하는 기계'라고 보았다. 의욕의 유무와 상관없이 우선 일이나 행동을 시작하면 두뇌의 측좌핵 부위가 흥분해서 그 일을 자동으로 추진시킨다는 것이다. 처음에는 하기 싫은 일도 막상 시작하면 계속하는 것도 그런 이유에서다. 사소한 예로, 처음에는 진공청소기만 돌리려다가 물걸레질을 하고, 결국에는 베란다를 정리하는 데까지 이르는 것도 '작동흥분'이 이뤄지기 때문이다.

행동하는 사람들과 함께 있으면 자신의 행동이 촉진되는 것은 물론 그 행동이 또 다른 '작동흥분'을 일깨워 스스로가 지속적으로 변화한다. 이것이 '행동하는 사람들과 함께하라'는 이유다.

행동하는 사람들의 가장 대표적인 특징은 언제나 '예스(Yes)'라고 말한다는 점이다. 사실 늘 부정적인 생각을 갖고 있는 사람이 어떤 행동을 할 가능성은 낮다. 행동하는 사람들과 함께하면 그들의 개방적인 태도와 도전적인 자세에 동참할 수 있다.

일반적으로 우리는 무엇을 시도하기 전에 '계산하는 행위'를 한다. 과연 자신이 그것을 할 수 있을지, 혹은 했을 때 무엇을 희생해야 하는지, 또 그 희생으로 얻을 수 있는 대가가 무엇인지부터 따져본다. 이때 조금이라도 불편하거나 참기 힘든 것이 예상되면 지레 마음속으로 '노(No)'라고 외친 후 부정적인 결론을 낸다. 이렇게 되면 아무래도 과감하게 행동할 수 없다. 주어진 상황에 우선 '예스'를 외친 후에 접근하는 태도가 중요하다.

변화를 위해 '누구와 함께 있는가', '어떤 사람과 많은 시간을 보내고 있는가'가 결국 나의 미래다.

내 주위의 행동하는 사람 찾기

사람은 각자 잘하는 것이 있다.
주변 사람들을 둘러보면서 함께할 수 있는 것들을 찾아보자.

행동하는 사람을 찾아보자.

그 사람이 잘하는 것을 적어보자.

함께할 수 있는 것들을 찾아보자.

결심 선언하고
실천하기

─ 공개 선언은 에너지를 끌어온다 ─

행동하는 사람들의 모습에서 자극을 받았다면, 이제 자신의 결심을 구체화하고 이를 주변에 널리 알리는 것이 필요하다.

"나는 ~ 변할 거야."
"나는 ~ 행동할 거야."

이렇게 자신의 의지를 당당하게 선언하는 것이다. 선언은 그 자체로 힘을 가진다.

사실 사람들은 자신의 결심을 외부로 잘 드러내지 않으려는 경향이 있다. '결심' 자체가 내밀한 행위이기 때문이다. 그런데 여기에는 또 다른 심리, '실패했을 때 주변의 비난을 피하고 싶다'는 마음 또한 은밀하게 깔려 있다. 누구도 주변 사람들의 평가에서 자유롭지 않아 '의지가 약한 사람'으로 평가받고 싶어 하지 않기 때문이다.

그래서 대부분 혼자 은밀하게 결심하고 그것을 보란 듯이 성공시키고 난 후에 비로소 사람들에게 자랑스럽게 말하고 싶어 한다. 그 결심은 자신밖에 모르기에 실천하지 않거나 아무런 결과가 없더라도 그 누구도 자신을 비난하지 않기 때문이다. 하지만 자신의 결심을 다른 사람들에게 공개했을 때 그것이 이뤄질 확률이 더욱 높아진다.

심리학에서는 이를 '공개 선언의 효과(Public Commitment Effect)'라고 한다.[27] 자신이 세운 목표를 주변에 알리면 목표 달성에 큰 도움이 된다는 것이다. 이를 처음으로 증명한 사람은 심리학자 스티븐 헤이스(Steven C. Hayes)다.

그는 학생들을 다음과 같이 크게 세 부류로 나눠 심리 실험을 했다.

첫 번째 그룹
자신이 받고 싶은 목표 점수를 다른 학생에게 공개하게 한다.

두 번째 그룹
스스로 목표 점수를 설정하되 다른 학생에게는 공개하지 않게 한다.

세 번째 그룹
목표 점수에 대한 어떤 주문도 하지 않는다.

시험을 치른 후 원래의 목표 점수와 비교해본 결과 자신의 목표를 공개한 그룹이 가장 좋은 성적을 받았다. 반면에 두 번째와 세 번째 그룹은 큰 차이가 없었다. 혼자 마음속으로만 설정한 목표는 목표를 아예 설정하지 않은 것과 그다지 차이가 없다는 의미다.

자신의 목표, 혹은 '앞으로 나는 ~ 행동하겠다'는 결심을 다른 사람들에게 밝히면 쉽게 포기하지 않고 끈질기게 추진하게 되어 목표를 달성할 가능성이 높아진다. 특히 자신이 실패했을 경우 치러야 할 대가, 혹은 성공했을 때 받을 수 있는 보상도 함께 공개하면 더욱 열정적으로 그것을 이루려고 노력하게 된다. 심지어 어떤 사람은 '자신이 제일 싫어하는 일'을 실패의 대가로 내세우기도 한다. 그러면 자신이 싫어하는 것을 피하기 위해서라도 안간힘을 쓰기 때문이다.

목표가 있다면 주변 사람들에게 널리 공개하라. 말로, 혹은 친구들이 볼 수 있도록 SNS에 글로 적어라. 그러면 흔들릴 때 언제든 자신의 결심을 돌이켜보며 마음을 다잡을 수 있다.

습관 변화 프로젝트 공개 선언

● **습관 변화 프로젝트 선언문** ●

선언자 _____

매일매일 _____을 실천하여
이제까지의 좋지 못한 습관을 버리고,
_____ 습관을 만들어
행복한 삶을 살아갈 것을 선언합니다.

_____ 년 _____ 월 _____ 일

선언자	서명
증인 1	서명
증인 2	서명

시 암송하기,
명언과 좋은 글 필사하기

- 사색의 힘이 시나브로 스며든다 -

혼자 있더라도 좋은 시와 함께하면 외롭지 않다. 마치 누군가가 자신에게 이야기를 들려주는 것 같은 친근함에 가슴이 따뜻해지고, 정서적으로도 고양된다. 짧지만 울림이 있는 시 암송은 사람의 영혼에 강한 영향력을 행사하며 여러 면에서 내적 평화를 가져다준다.

자신에게 감동을 주는 시를 수시로 외우면 마음의 안정을 얻는다. 나지막이 입에서 흘러나오는 시적 언어들은 끊임없이 괜찮다, 괜찮다며 마음을 다독여준다. 슬플 때는 유쾌한 시, 혼란스러울 때는 안정감을 주는 시, 화가 날 때는 관계의 중요성과 삶의 의미를 되새기는 시를 암송하면 그 자체가 바로 자신을 향한 조언이 되고 위로가 된다.

무엇보다 지적인 자극도 빼놓을 수 없다. 시는 일상의 모습에 대한 새로운 관점의 해석이다. 시인들의 독특하고 창의적인 시각을 고스란히 자신의 것으로 받아들이면 자신도 모르게 지적인 능력이 향상되고, 새로운 삶의 모습을 하나씩 깨닫는 재미가 쏠쏠하다.

사실 해보지 않은 사람은 시 암송이 얼마나 가슴 벅찬 행복감을 주는지 잘 모를 것이다. 그냥 시집을 펼쳐서 읽는 것과는 확연히 다른 느낌을 준다. 내면에 깊은 울림을 주면서 삶에 대한 행복감이 가슴 깊은 곳에서부터 밀려온다.

건강을 위해 영양제를 챙겨 먹듯, 시 암송은 우리 마음에 주는 영양제라고 할 수 있다. 마음이 흔들리거나 정서가 불안할 때, 걱정으로 머릿속이 복잡할 때 시 한 편을 암송하면 곧 생각의 전환이 이뤄지고 회복탄력성을 재가동할 수 있다.

또 명언이나 좋은 글을 자신의 손으로 직접 쓰는 필사를 통해 회복력을 강화하는 방법도 추천하고 싶다. 이는 홀로 사색하는 힘을 키워주고, 자신의 내면을 들여다보며 스스로에게 위로와 조언을 건네게 하는 가장 좋은 방법 중의 하나다.

"인간사 새옹지마(人間事 塞翁之馬)"라는 말이 있다. 인생에서 좋은 일이 있더라도 그것이 곧 나쁜 일로 바뀔 수 있고, 나쁜 일이 있어도 곧 좋은 일로 바뀔 수도 있다는 의미다. 우리네 인생에는 늘 이렇게 행복한 일과 슬픈 일, 즐거운 일과 우울한 일이 파도처럼 들이닥친다. 아마도 이러한 파도에서 벗어날 수 있는 사람은 이 세상에 단 한 명도 없을 것이다.

중요한 것은 이런 일을 겪을 때 어느 정도로 빠르고 건강하게 대응할 수 있으며, 또 얼마나 빠른 회복력을 가질 수 있느냐는 점이다. 힘들고 어려운 일이 있어도 훌훌 털어내고 다시 시작하는 능력은 가장 소중한 삶의 지혜가 된다.

사색을 통해 좌절과 절망을 이겨낸 사람 중에 단연 고(故) 신영복 선생이 기억에 남는다. 진보 인사였던 선생은 통일혁명당 사건으로 구속되어 무기징역을 선고받았다. 비록 20년 뒤에 특별가석방이 되긴 했지만, 한 개인이 무기징역이라는 선고를 받았을 때의 심정은 상상하기 쉽지 않다.

선생은 그러한 절망적인 상황에서도 사색을 통해 모든 좌절과 고통을 이겨냈다. 그 결정체인 그의 저서 《감옥으로부터의 사색》은 그가 한 인간으로서 어떤 고통을 겪었으며, 감옥에서 유일하고도 자유롭게 할 수 있는 사색이 그에게 어떤 역할을 했는지를 잘 보여준다. 아마도 신영복 선생에게는 사색이야말로 절망에 빠진 자신의 마음을 회복시킬 수 있는 가장 중요한 행위가 아니었나 싶다.

신영복 선생은 당신 스스로가 좋은 글을 써서 마음을 다독일 수 있었지만, 우리 같은 평범한 사람들은 다른 사람들이 쓴 좋은 글귀들을 필사해 자신의 것으로 만들면 좋다.

필사는 단지 글자를 베껴 쓰는 것에 그치지 않는다. 순간적으로 글쓴이의 마음과 자신의 마음을 일치시킴으로써 자신의 마음을 단련시키는 과정이다. 지속적으로 필사를 하면 마음의 회복력이 분명히 강화된다.

더 나아가 그저 한 번 필사하는 것에 그치지 말고 필사한 글을 가끔씩 들춰 본다면 머릿속에 훨씬 오래 남을 뿐만 아니라 필사할 때는 몰랐던 또 다른 지혜도 얻을 수 있다.

내 인생 다시 써보기

다음의 시를 읽고 이제부터 내 인생을 어떻게 살지 자신의 단어로 바꿔 써
보자.

인생을 다시 산다면   – 나딘 스테어

인생을 다시 산다면

다음에는 더 많은 실수를 할 것이다.

긴장을 풀고 몸을 부드럽게 하겠다.

이번 인생보다 더 어리석어질 것이다.

되도록 매사를 심각하게 생각하지 않고

보다 많은 기회를 붙잡으리라.

여행을 더 다니고 석양을 더 자주 보리라.

산에 더 자주 가고 강에서 수영도 많이 하리라.

아이스크림은 많이 먹지만 콩 요리는 덜 먹으리라.

실제 고통은 많이 겪지만

머릿속의 고통은 가능한 피하리라.   (…)

인생을 다시 산다면

컬러링과
명상음악 틀어놓고 멍 때리기

- 작은 명상으로 두뇌를 쉬게 한다 -

우리는 일상에서 끊임없이 무엇인가에 신경을 쓰며 에너지를 빼앗긴다. TV를 보거나 스마트폰으로 인터넷에 접속하는 단조로운 상황에서도 우리 두뇌는 지속적인 가속 운동을 한다. 쉬고 있는 것 같아도 쉬는 것이 아니다.

이런 일상에 평화와 행복을 가져다주는 또 하나의 솔루션은 컬러링 북을 가까이하는 것이다. 아름다운 풍경이나 문양을 색칠하는 컬러링은 매우 단순한 작업으로 보이지만, 실제로 그것을 체험하는 사람의 내면에 끼치는 영향은 매우 크다.

무엇보다 컬러링은 마음을 힐링해준다. 그림을 따라 색칠하다 보면 어느새 마음이 서서히 안정되고 어느 순간 고요한 평화로 물든다. 이는 마치 명상을 하는 듯한 효과를 주고 스트레스 또한 완화시켜준다.

컬러링북은 어떤 것이든 힐링에 도움이 되지만, 개인적으로 나는 '만다라' 컬러링북을 추천한다. 만다라는 성스러움을 나타내는 고대의 기하학적 문양이다. 아시아에서 만다라는 '공동체'와 '우주'를 상징하고, 아메리카 인디언들에게는 정신세계로 들어가는 '열린 문'의 역할을 하기도 했다.

원, 삼각형, 사각형, 나선형, 곡선으로 이뤄진 만다라 컬러링은 자신을 풍성하게 표현할 수 있도록 해주고, 자신 안으로 깊이 몰입시켜준다. 더 깊이 몰입할수록 마음에는 더욱 빠르게 평화와 행복감이 밀려든다. 만다라 컬러링을 하다 보면 스트레스가 해소되고, 집중력이 생기며, 두뇌가 휴식을 취하면서 또 다른 창의력이 발현된다.

매일 조금씩 계획을 세워 만다라 컬러링을 하면 바쁘고 지친 일상에서 자신만의 휴식을 취할 수 있다.

최근 젊은 사람들 사이에서 유행하는 '멍 때리기'도 일상에서 할 수 있는 행복습관 솔루션의 하나가 될 수 있다. 예전에는 아이들이 멍하니 있으면 한심해 보여서 야단을 치기도 했다.

하지만 멍 때리기는 실제로 '두뇌 휴식'에 좋은 방법이다. 아무 생각 없이 멍하니 있는 동안 우리의 두뇌는 흡수한 정보들을 하나하나 정리하고 문제를 스스로 해결한다. 마치 가득 채워져 있는 물통을 비우고 새로운 물로 채우듯, 과거의 정보들이 말끔하게 정리되고 새로운 정보들이 들어와 우리의 두뇌를 한층 효율적으로 만든다.

과학적인 연구 결과에 따르면 인간의 두뇌에는 '기초값'이라는 것이 존재한다. 여기에 외부 자극이 들어오면 내측전전두엽이 활성화되면서 본격적으로 신경회로가 작동된다. 평소에는 기초값과 활성화된 값이 적절하게 균형을 이루지만, 만약 활성화된 값이 과도해 무리하게 작동하면 그때부터 과부하가 걸린다. 그러면 두뇌가 정상적인 작동을 하지 못한다.

이때 '멍 때리기'를 하면 두뇌는 다시 기초값을 회복하고, 과부하가 걸렸을 때보다 정보를 더 잘 전달한다. 기억력이 좋아지는 것은 물론 무의식 상태에서도 자유롭게 사고한다.

전문가들은 하루에 5회 정도 이렇게 아무것도 생각하지 않는 무념무상의 단계, 즉 '멍 때리기'를 하라고 권한다. 많은 시간을 할애하지 않고 5~10분 정도만 해도 우리 두뇌는 충분히 쉴 수 있다.

멍 때리기를 할 때 명상음악을 틀어놓으면 더 효과가 좋다. 명상음악의 선율은 고요하고 평화로우며 마음을 가라앉혀주는 것은 물론 번잡한 생각을 정리해주는 역할을 한다. 두뇌를 쉬게 하는 '멍 때리기'와 궁합이 잘 맞는 음악이다. 멍 때리기를 할 때 자꾸만 다른 생각이 나서 집중되지 않는다면 명상음악에 귀를 기울이자. 자연스럽게 잡념이 사라진다.

현재 상태를 유지하는 것조차 쉽지 않은 것이 오늘날 우리의 생활이다. 그렇다고 정신적인 휴식 없이 계속 아등바등 사는 것은 행복습관의 변화에 도움이 되지 않는다. 두뇌를 쉬어가게 하는 다양한 방법을 통해 숨 가쁜 일상의 흐름에 쉼표를 찍자.

만다라 컬러링

만다라 컬러링을 하다 보면 스트레스가 해소되고 집중력이 생기며, 두뇌가
휴식을 취하면서 또 다른 창의력이 발현된다.

참고자료

1 레오 보만스, 《세상 모든 행복》, 노지양 역, 흐름출판, 2012

2 앤드루 블랙먼, "돈으로 행복을 살 수 있을까? 의외의 결론 나왔다", 〈월스트리트저널〉 한국어판, 2014년 11월 10일

3 Wolfgang Glatzer, Laura Camfield, Valerie Møller, Mariano Rojas, 《Global Handbook of Quality of Life: Exploration of Well-Being of Nations and Continents》, Springer, 2015

4 김서용, 《삶의 질과 웰빙 연구에 관한 백과사전》, 스프링거, 2014

5 헬렌 러셀, 《세계에서 가장 행복한 덴마크 사람들》, 마로니에북스, 2016

6 레오 보만스, 《세상 모든 행복》, 노지양 역, 흐름출판, 2012

7 레오 보만스, 《세상 모든 행복》, 노지양 역, 흐름출판, 2012

8 조지 베일런트, 《행복의 비밀》, 21세기북스, 2013

9 박주연, "만족스러운 삶은 곧 '관계가 풍부한 삶'… 행복 원천은 사람이다", 경향신문, 2013년 2월 15일

10 이영숙, 《성품 좋은 아이로 키우는 부모의 말 한마디》, 위즈덤하우스, 2009

11 배르벨 바르데츠키, 《상처 없이 사랑하고 싶다》, 21세기북스, 2015

12 공병호, 《Gong's Letter》, 공병호경영연구소, 2012

13 D. L. 무디, 《기독교 명언》, 크리스천투데이

14 레오 보만스, 《세상 모든 행복》, 노지양 역, 흐름출판, 2012

15 Margie E. Lachman, 《Development in Midlife》, Annual Review of Psychology, October 27, 2003

16 민진홍, 《탱큐 파워》, 라온북, 2016

17 바버라 프레드릭슨, 《긍정의 발견》, 최소영 역, 21세기북스, 2009

18 존 가트맨, 《행복한 결혼을 위한 7원칙》, 노동욱·박윤영 역, 문학사상, 2017

19 니시나카 쓰토무, 《운을 읽는 변호사》, 알투스, 2017에서 7가지 일부 인용

20 레오 보만스, 《세상 모든 행복》, 노지양 역, 흐름출판, 2012

21 편집부, "긍정적 사고 수명 연장에 도움", 〈미주한국일보〉, 2000년 12월 8일

22 Vahid Sari Sarraf, 《Effects of the time of day on some of the physiological and physical ritness factors, in female athletic and nonathletic》, Electronic Physician, May 2013

23 세실 가테프, 《걷기의 기적》, 김문영 역, 기파랑, 2006

24 레오 보만스, 《세상 모든 행복》, 노지양 역, 흐름출판, 2012

25 D. J. W. Strumpfer, 《The Strengths Perspective: Fortigenesis in Adult Life》, Springer, November 2005

26 이민규, 《실행이 답이다》, 더난출판사, 2011

27 이민규, 《실행이 답이다》, 더난출판사, 2011

오늘부터 바로 행복해지는 행복 리셋

개정판 1쇄 발행 2021년 6월 11일
개정판 5쇄 발행 2023년 9월 30일

지은이 강은미
펴낸이 강효림

편집 심은정
표지디자인 디자인 봄바람
내지디자인 채지연
일러스트 주영란
마케팅 김용우

용지 한서지업(주)
인쇄 한영문화사

펴낸곳 도서출판 전나무숲 檜林
출판등록 1994년 7월 15일·제10-1008호
주소 10544 경기도 고양시 덕양구 으뜸로 130
　　　위프라임트윈타워 810호

전화 02-322-7128
팩스 02-325-0944
홈페이지 www.firforest.co.kr
이메일 forest@firforest.co.kr

ISBN 979-11-88544-69-1 (13190)